MULHERES FALAM ISSO
HOMENS ENTENDEM AQUILO

AMIGO LEITOR,

Queremos saber sua opinião sobre nossos livros.
Após sua leitura, acesse nosso site (www.editoragente.com.br), cadastre-se e contribua com suas sugestões, críticas ou elogios.

Boa leitura!

Hilke Steinfeld

MULHERES FALAM ISSO HOMENS ENTENDEM AQUILO

TRADUÇÃO:
Claudia Abeling e Inês Antônia Lohbauer

Gente

Editora
Rosely M. Boschini

Assistente editorial
Rosângela Barbosa

Produção
Marcelo S. Almeida

Copidesque
Editora Gente

Revisão
Ana Maria de Carvalho Tavares

Capa
Aline Haluch/Studio Creamcrackers

Projeto gráfico
Neide Siqueira

Editoração
Join Bureau

Título original: *Praxiswörterbuch Mann*

Rua Pedro Soares de Almeida, 114
São Paulo, SP – CEP 05029-030
Telefone: (11) 3670-2500
Site: http://www.editoragente.com.br
E-mail: gente@editoragente.com.br

Dados Internacionais de Catalogação na Publicação (CIP)
(Câmara Brasileira do Livro, SP, Brasil)

Steinfeld, Hilke
Mulheres falam isso. Homens entendem aquilo / Hilke Steinfeld ; tradução Claudia Abeling e Inês Antônia Lohbauer. – São Paulo : Editora Gente, 2007.

Título original: *Praxiswörterbuch Mann*.
ISBN 978-85-7312-577-1

1. Comunicação 2. Homem – Mulher – Relacionamento. 3. Homem – Psicologia 4. Mulheres – Psicologia I. Título.

07-7258 CDD-158.2

Índices para catálogo sistemático:

1. Comunicação entre homens e mulheres :
Psicologia aplicada 158.2

Sumário

1. Você fala "masculinês"?

Homens e mulheres são diferentes. Todos concordam com isso. Muitos livros já foram escritos sobre as múltiplas diferenças entre os sexos. Os autores desse tipo de livro se dedicam exaustivamente, há anos, a perguntas como: por que os homens são assim e as mulheres, totalmente diferentes? E a mais importante: apesar de todas as diferenças, como os homens e as mulheres podem se entender melhor? Temas complexos, que preenchem milhares de páginas.

Este pequeno dicionário é totalmente prático: ele pode ajudar as mulheres a resolver a maioria das situações cotidianas masculinas–femininas de maneira *rápida, simples* e, principalmente, *eficiente. Mulheres falam isso. Homens entendem aquilo* é uma ajuda concreta para traduzir o dia-a-dia das relações entre os sexos. Você irá conhecer melhor a espécie "homem" e aprender a decifrar sua linguagem. O dicionário facilitará de A a Z seu convívio com ela.

O homem não é um eletrodoméstico, como um aspirador de pó, que vem com um manual de instruções universal e que podemos ligar e desligar à vontade. Mesmo que haja muitos setores nos quais os homens funcionam de maneira semelhante e previsível, cada espécime permanece único.

Durante as últimas décadas – principalmente desde o começo dos anos 1970 –, teóricos da questão de gênero, neurocientistas e lingüistas fizeram uma série de descobertas impressionantes. As dificuldades de comunicação entre homens e mulheres podem ser mais bem explicadas com os resultados dessas pesquisas. Os mal-entendidos podem ser até evitados. Dessa maneira, por exemplo, nem *todo* homem tem dificuldade para falar sobre seus sentimentos, mas realmente há bons motivos para que esse problema seja comum à maior parte deles. E é provável que nem *toda* mulher queira um relacionamento estável, mas a porcentagem das que querem confirma que são maioria.

Para o convívio diário com as pessoas ao nosso redor – principalmente com os homens –, nós, mulheres, deveríamos aplicar, sem falta, as descobertas da ciência. Quem entende "masculinês" pode reverter muitos conflitos cotidianos, pois essa língua revela o tempo todo um fato simples: o homem se expressa de maneira diferente da mulher porque vive numa outra realidade. Quem entende que nem sempre vale a pena partir do próprio ponto de vista durante uma conversa, mas tenta reconhecer que seu interlocutor simplesmente *é*, *pensa* e *fala* de um jeito diferente, terá menos problemas no futuro. E não os enxergará onde não existem, ou não precisariam existir, caso as pessoas aprendessem a aceitar a diferença do outro.

Mulheres falam isso. Homens entendem aquilo dirige-se, em primeiro lugar, às mulheres que desejam um convívio sem complicações com seu companheiro ou outros interlocutores masculinos. Tanto faz se a questão é saber como fazê-lo ajudar mais nas tarefas da casa, entender por que ele diz "eu te amo" tão raramente ou desejar ser ouvida por ele com atenção em casa ou no trabalho.

Com esta seqüência de verbetes, você aprenderá o vocabulário exato, de A a Z, para alcançar seus objetivos em qualquer situação de convivência com membros do sexo oposto. Para que o caminho até o alvo não se torne árido, no final de cada verbete há algumas "dicas práticas" – muitas delas são segredinhos compartilhados.

Além de todos os truques e dicas práticas, você vai obter um conhecimento teórico básico. Ao conhecer fatos interessantes sobre os diversos estilos de comunicação dos gêneros, você vai descobrir que certos preconceitos não correspondem à realidade.

Você não é obrigada a ler este livro do começo ao fim. Depois do capítulo 2 ("O básico"), que trata das informações sobre o estágio atual da ciência da comunicação, você poderá ler os verbetes na ordem que quiser. Fique certa: existem muitas coisas novas para aprender! E será divertido colocar em prática uma ou duas delas.

Hamburgo, dezembro de 2005
Hilke Steinfeld

PS: Claro que os homens também podem folhear este livrinho. Talvez descubram aspectos surpreendentes da psique masculina – e da feminina – e concluam que, com o dicionário certo nas mãos, os relacionamentos entre homens e mulheres podem ser muito mais simples.

PPS: Desculpo-me de todas maneiras, de antemão, por eventuais generalizações. Nos casos em que simplifico e defino ("Os homens são deste e daquele jeito", "Mulheres falam isto e aquilo"), você e eu sabemos: sempre há exceções à regra.

2. O básico

A arte da conversação está em ser compreendido.

CONFÚCIO

Sabe quando você diz algo para seu companheiro – ou para um conhecido – e ele entende tudo errado? Quando tenta explicar alguma coisa, mas tem a sensação de falar grego ou um raro dialeto da China, porque seu interlocutor tem uma reação incompreensível (ou nenhuma)? Não se preocupe, você não é a única! Segundo pesquisas recentes, 47% dos homens casados queixam-se de que suas mulheres não os entendem. Entre as mulheres, chega a 55% a porcentagem das que reclamam de problemas de comunicação em seus relacionamentos.

O fato é: existem algumas diferenças básicas entre a linguagem masculina e a feminina. Em seguida, vamos observá-las com mais atenção. Isso explicará vários mal-entendidos cotidianos que costumam nos deixar malucas.

É claro que as mulheres falam a mesma língua que os homens: aprendemos a mesma língua materna, usamos o mesmo vocabulário e a mesma gramática. De acordo com o lingüista Otto Jespersen, porém, mesmo aí já existem diferenças significativas. Em 1922, ele descobriu que as mulheres muitas vezes formam frases inconclusas, pois não pensam antes de falar. Essa tese, felizmente, não foi provada pela ciência. Mas comprovou-se o seguinte: homens e mulheres usam a língua de modos decisivamente distintos.

Uma das grandes diferenças é o fato de os homens usarem padrões diretos de linguagem e as mulheres, indiretos. Em seu livro *Você simplesmente não me entende: o difícil diálogo entre homens e mulheres* (Rio de Janeiro: Best Seller, 1992), a lingüista norte-americana Deborah Tannen apresenta um exemplo, que acabou se tornando famoso, da maneira feminina de se expressar indiretamente e explica por que esse comportamento lingüístico acaba levando inevitavelmente a mal-entendidos:

Um homem e uma mulher estão andando de carro. Em certo momento, a mulher pergunta: "Você gostaria de parar em algum lugar para beber alguma coisa?". O homem responde com um "não" e continua a dirigir. Para ele não há problema: ele não quer beber nada e, por isso, não pára. A mulher, por sua vez, está frustrada porque se sente ignorada por ele: na realidade ela queria dizer que gostaria de descansar e tomar alguma coisa.

Informação e interpretação

Qualquer mulher teria entendido a mensagem imediatamente, pois somos mestres em ler nas entrelinhas. Os homens, não. Via de regra, eles só entendem o que lhes dizemos tintim por tintim. A reação do homem no carro certamente teria sido diferente caso a mulher lhe tivesse pedido: "Dá para dar uma paradinha na próxima oportunidade? Quero beber alguma coisa". Um tom imperativo seria melhor ainda: "Por favor, pare no próximo posto. Estou com sede!". Uma afirmação direta, que ele entenderia imediatamente.

Mas a mulher tentou incluí-lo nos desejos dela. Não queria tomar uma decisão sozinha e pedir algo a ele. Com sua formulação, ela queria enfatizar o *nós*. A mensagem era: "Vamos, nós dois, dar uma descansada?".

Essa é exatamente a fonte dos mal-entendidos: ao contrário dos homens, as mulheres acham que o estilo direto de linguagem é descortês e petulante. Elas têm dificuldade em pedir algo diretamente. Segundo os lingüistas, um dos motivos é que a linguagem direta está relacionada ao mundo dos negócios – um mundo do qual as mulheres não participaram durante muito tempo. Por isso, não são tão treinadas para esse mundo quanto os homens. De fato, afirmações diretas proferidas por homens e mulheres ainda hoje têm uma avaliação bastante diferente: enquanto as achamos normais nos homens, nas mulheres as consideramos mal-educadas ou bruscas. Muitas vezes esse julgamento acontece de modo totalmente inconsciente.

Nós, mulheres, não paramos de cair nessa armadilha de comunicação – mesmo quando conhecemos seus mecanismos. Quero usar uma história que aconteceu comigo como exemplo:

Quando me casei, há quatro anos, disse para meu melhor amigo poucos dias antes do casamento: "Alguém deveria ficar junto à porta durante a cerimônia religiosa e me avisar quando todos se sentarem, a música começar e for hora de eu entrar". Meu amigo me olhou incrédulo durante algum tempo e caiu na gargalhada em seguida. (Devo acrescentar que, por causa das muitas conversas que tivemos sobre a linguagem de homens e mulheres, de certa maneira ele já tinha entendido.)

Eu não sabia o que havia de tão engraçado nisso até ele me explicar: "Hilke, mesmo lidando há tanto tempo com o tema da linguagem, você não aprende. *Alguém deveria* – simplesmente diga logo em quem você está pensando e o que você quer!".

Agora eu o entendo, pois era evidente que eu queria que *ele* ficasse na porta da igreja e me desse o sinal. Por causa do hábito, usei a linguagem cortês feminina e não lhe perguntei diretamente. Ele sabia o que eu queria dizer, mas outro homem poderia reagir assim: "Sim, você tem razão, alguém precisa fazer isso". Nem em sonho o homem-padrão teria imaginado que eu estava falando *dele*. E olhe que eu deveria saber disso melhor do que ninguém! Como todas as mulheres, também aprendi, desde pequena, a me expressar de determinada maneira; afinal, fui educada como menina. Isso está bem fundo em nós. Libertar-se desse condicionamento é mais difícil do que se imagina. Em parte é impossível – e nem sempre há necessidade.

Dessa maneira, mulheres e homens conversam em línguas diferentes. Os homens geralmente falam no nível objetivo. Eles usam a linguagem para trocar informações: "Vou ao jogo no sábado. Vamos juntos?". "Sim." Breves, concisos, diretos. Aqui é trocada uma informação pura, com foco e direção únicos. O significado é claro, sem "será" nem "talvez". Meias-palavras não existem. Caso o convidado tivesse respondido "Não, não posso", quem fez o convite teria aceitado a negativa sem pensar muito a respeito.

Já uma mulher teria entendido algo bem diferente de um "não": "Ele não quer ir comigo ao futebol. Ele não gosta (mais) de mim. Ele não se interessa por mim, não quer passar seu tempo comigo. Ele não me ama...".

Objetividade e emoção

Somos invencíveis em tirar várias interpretações de respostas diretas. Ao contrário dos homens, não entendemos a mensagem no nível concreto, mas sempre usamos nosso "ouvido de relacionamento" e queremos decifrar as entrelinhas. Por exemplo, se perguntarmos a um homem "Você quer jantar comigo na sexta-feira?" e ele responder "Não", suspeitaremos imediatamente de que se trata de rejeição e deslealdade! Sim, pode ser que um homem, a quem chamamos para jantar na sexta-feira, realmente não esteja interessado em nós e por isso recuse o convite. Mas também pode ser que ele simplesmente não tenha tempo. Ele não acha necessário ficar dando muitas explicações. "Não" é "não". Uma informação objetiva – e, ainda por cima, muito clara! E nós? Acreditamos ouvir coisas que não foram ditas por alguém que não tinha tal intenção.

Entretanto, quando os homens suspeitam de que estamos duvidando da competência deles, também entendem algo bem diferente do que dizemos. Uma simples consulta da mulher ("Você está conseguindo montar a prateleira?") pode ser entendida pelo homem como se ela duvidasse de sua capacidade. Nem passou pela cabeça da mulher duvidar de sua competência, mas apenas mostrar que se interessa por ele ao perguntar como anda o trabalho. Bem, é assim que surgem os mal-entendidos em ambos os lados – de acordo com o lado no qual somos mais sensíveis. No caso das mulheres, muitas vezes o ponto fraco é a rejeição pessoal; no dos homens, a preocupação de ser considerados incompetentes.

Enquanto os homens preferem trocar informações, as mulheres se ocupam mais dos sentimentos. Elas utilizam a linguagem para estabelecer contato com seu interlocutor, estabelecer uma ligação e puxá-lo para seu mundo. Por isso, costumam usar uma linguagem muito mais pessoal. Durante a conversa, elas incorporam muitas informações sobre acontecimentos e experiências para aproximar-se de seu interlocutor. Elas querem conquistar um nível de confiança e se abrem, mostrando ao outro que ele também pode se abrir. Chegam até a pedir que o outro faça o mesmo.

Um homem – pelo menos um homem comum, que não entende as profundezas da psicologia feminina – nunca teria tal idéia. Sentado no bar com seus amigos, ele conversa sobre deus e o mundo. É raro um homem falar sobre seu universo interior, pois ele não consegue expressar seus sentimentos tão bem como uma mulher (veja também em "D... de discutir a relação"), além de considerar isso uma fraqueza. Em geral, os homens falam para expressar opiniões ou trocar informações. Se nada disso é necessário, eles simplesmente ficam quietos.

As mulheres se irritam com tal atitude, pois querem exatamente o contrário. Para elas, conversar é, geralmente, apenas um meio para um fim. Por isso, ficam chateadas quando querem chorar suas mágoas com os parceiros e eles, bastante racionais, oferecem sugestões para resolver os problemas. Elas interpretam essa atitude como fria e desinteressada.

Por exemplo: ela está brava com uma colega do escritório e conta o caso para ele. Relativamente rápido, ele a aconselha a falar com o chefe, pois considera isso lógico – homens são programados para achar as soluções dos problemas. Mas ela não quer nenhum tipo de conselho! Simplesmente quer falar para se acalmar. Resumindo: ela quer colo, proximidade física e, talvez, um pouco de compaixão por parte dele, pois, ao contrário dos homens, as mulheres gostam de compaixão. A mulher de nosso exemplo quer que alguém se ponha em seu lugar. Esse é seu desejo, nem mais nem menos. Afinal, ela já sabia que seria preciso falar com o chefe.

Esse comportamento leva inevitavelmente a mal-entendidos na comunicação entre homens e mulheres. "Eu não quero conselhos. Quero apenas falar com você!" No pior dos casos, a mulher nem se dá conta disso e pensa: "Ele não me entende!". Essa é uma reclamação freqüente das mulheres em relação aos homens.

E ele? Não está entendendo mais nada. Ele imaginava que deveria ajudá-la... Em vez de perceber que ele – um homem típico – quer resolver o problema da maneira mais rápida e simples possível, ela muitas vezes se sente sufocada e rejeitada diante dessa ajuda resoluta.

Espírito de luta e vício por harmonia

Os homens se comunicam de modo deficiente simplesmente por não notar a importância de um assunto para nós. Não é surpresa: durante uma conversa, as mulheres tendem a suavizar continuamente suas afirmações. Utilizamos muito mais os assim chamados "atenuadores", como "alguma coisa", "de algum modo", "ou então", "na verdade". Preste atenção nisso e conte quantas vezes seu interlocutor – homem ou mulher – usa tais palavras. É provável que elas apareçam com mais freqüência na fala de uma mulher. Ou na de um homem extremamente inseguro por algum motivo.

Outras fórmulas de suavização são afirmações do tipo: "Eu estou achando que...", "Um pouco...", "Eu gostaria...", "Eu não sei o que você acha disso", "Será que você também não acha que...", "Acabei de imaginar que...", entre outras. Agimos assim para aumentar nossa aceitação por parte de nosso interlocutor, para disfarçar a dominação na conversa.

Infelizmente essa prática apenas nos prejudica: enfraquecemos a importância de nossa afirmação. Isso é especialmente complicado na área profissional (veja "I de... igualdade profissional"). Não é nada adequado enfraquecer a própria posição no trabalho. Em setores nos quais deveríamos passar uma imagem forte e autoconfiante, não podemos escolher esse tipo de linguagem por falsa modéstia ou insegurança. Você acha pouco feminino utilizar uma linguagem direta? Esqueça seus escrúpulos: em algumas situações é preciso se posicionar de maneira clara e firme.

Os homens têm menos problemas desse tipo. Eles não acham necessário construir uma ligação emocional com seu interlocutor, relativizar constantemente suas necessidades e diminuir-se nessas horas. Pelo contrário: os homens querem se sobressair na conversa. Eles não sofrem da "síndrome do tanto faz". Desde pequenos eles são educados para vencer na vida e defender sua posição. Isso se reflete muito claramente em sua linguagem. A prioridade dos meninos é sair vencedores das discussões. Enquanto as mulheres têm uma postura de colaboração na conversa, os homens são competitivos.

Quando um homem e uma mulher conversam sobre seu relacionamento, porém, a questão não passa por quem venceu ou quem perdeu. Pelo menos não deveria. *Mulheres falam isso. Homens entendem aquilo* vai ajudá-la a se sair muito bem nas situações do cotidiano.

3. Dicionário do homem de A a Z

Assim você domina todas as situações da vida

"Todas as situações da vida" parece uma afirmação meio exagerada. Mas, como os problemas que dificultam o convívio entre homens e mulheres são muitas vezes os mesmos, sem dúvida podemos agrupar os pontos de conflito mais freqüentes.

O fato de você se irritar com seu marido por ele sempre deixar a cueca no chão molhado do banheiro depois do banho e o de ficar nervosa por ele achar que você dispõe de uma mágica secreta que faça o corredor ser aspirado três vezes por semana têm o caráter de exemplos e podem ser facilmente usados em outras áreas problemáticas.

De "A de... amizades", passando por "K de... kg, kg, kg", até "Z de... zapear", os próximos verbetes revelarão muitas coisas sobre a espécie "homem".

A

de... amizades

Ou: você quer que ele a ajude a manter os contatos pessoais

A situação

Quando meu marido e eu nos casamos, há alguns anos (você está percebendo que o casamento é um tema importante para mim), dois terços dos convidados eram meus amigos e parentes. O terço restante era formado pelos conhecidos de meu marido. Uma cena típica. Em quase todos os casamentos a que assisti em minha vida, a lista de convidados é formada mais ou menos assim: a maior parte deles veio por causa da noiva; a menor parte, por causa do noivo.

Isso demonstra que as mulheres, quase sempre, têm um círculo de amigos maior do que os homens – simplesmente porque elas foram programadas para fazer amizades, cultivá-las e manter contato com as pessoas. Em geral os homens têm apenas um ou dois melhores amigos – que não se falam nem se vêem com muita regularidade. Principalmente quando vivem um relacionamento amoroso.

Terapeutas de casais observam que as mulheres comprometidas num relacionamento amoroso mantêm um contato intenso com os amigos e a família, enquanto os homens são muito mais descuidados nesse sentido. Aliás, esse é um dos motivos pelos quais as mulheres geralmente têm uma rede social que as ampara depois da separação, ao passo que os homens ficam subitamente sozinhos. (Mas isso também acontece porque os homens têm dificuldade em desabafar. Os homens não falam sobre seus problemas, mesmo quando se sentem péssimos. Isso seria confessar fraqueza.)

Muitas mulheres se irritam com o fato de serem as responsáveis por manter o contato com os amigos no relacionamento. Visitar conhecidos que moram longe, escolher e embalar um presente para a festa de aniversário de um amigo em comum ou convidar os sogros para jantar: em geral são quase exclusivamente elas que organizam essas coisas.

Eles quase não se ocupam com a rede de contatos sociais. No máximo, ficam sabendo que haverá uma noite de baralho ou que uma festa está sendo organizada. As mulheres acham um absurdo falar mais ao telefone com a mãe deles do que eles. Também é engraçado as mulheres saberem mais sobre o que acontece entre os amigos deles do que os próprios homens. Elas adorariam que eles participassem mais do "ritual" de manter os contatos pessoais!

Da mesma forma eles agem no campo profissional. São especialistas em *networking*, nunca se esquecem de nada e sempre têm tempo de almoçar com um colega de trabalho – e isso eles fazem sozinhos. Exceto se tiverem uma secretária – os homens acham isso o máximo, porque é uma expressão de poder. E é claro que a profissão sempre é prioritária: é mais importante do que o churrasco com a família e a apresentação dos filhos na escola...

Seria bom se isso fosse apenas um clichê. Mas eu aposto que há muito mais mulheres que sofrem porque seus parceiros quase não participam do universo social do que o inverso.

As mulheres, ao contrário dos homens, aprendem muito cedo a fazer contatos e criar proximidade, o que representa um papel decisivo nessa questão. Por isso, os homens não dão muita importância ao fato de falar menos sobre temas pessoais do que as mulheres. Quando a mãe deles liga para saber como vão, eles dizem: "Tudo bem, tudo tranqüilo no trabalho e a construção da casa está avançando conforme o previsto". Eles raramente mantêm uma conversa mais longa. Não é da conta de ninguém saber sobre o que mais estão pensando. Talvez eles até tenham preocupações, mas isso nunca sairá de sua boca.

Quando você estiver saturada de ter de gerenciar tudo sozinha no que se refere ao seu círculo de amigos e conhecidos e não quiser mais ser a porta-voz do relacionamento, precisará atrair seu parceiro para a empreitada. Independentemente da vontade dele.

DICAS PRÁTICAS

Alguns homens precisam ser forçados à felicidade. Confronte-os com o fato consumado. Delegue-lhes a manutenção dos contatos pessoais – como sempre, com orientações claras e objetivas. Assim tudo funcionará melhor.

COMUNICAÇÃO DE EFEITO RÁPIDO E EFICIENTE

1 *"Sua mãe telefonou. Eu disse a ela que você retornaria a ligação por volta das 7 horas."*
Isso produz fatos. Ele sabe o que tem de fazer e a que horas, e provavelmente cumprirá a tarefa.

2 *"Pedro e Cristina querem se encontrar conosco amanhã à noite. Vamos aceitar ou não?"*
Se você não tem vontade de tomar todas as decisões sozinha, deixe-o participar. Assim ele poderá manifestar sua opinião.

COMUNICAÇÃO INEFICIENTE, QUE ACABA EM GOL CONTRA

1 *"Precisamos dar um alô novamente para Pedro e Cristina."*
Você com certeza reconheceu a formulação indireta, que para ele é inexistente. De qualquer modo, ele não entende que isso é um pedido. Ele não vai descobrir que deve ligar para Pedro. É melhor você dizer: "Ligue agora para Pedro e Cristina" (e não "numa hora dessas", caso em que ele com certeza vai esperar até o Dia de São Nunca).

2 *"Lembre-se de que ainda precisamos comprar o presente de casamento de Carlos."*
Talvez ele se lembre – mas sair para comprar o presente é outra coisa. É melhor você perguntar: "O que vamos comprar para o Carlos?". Ele pode dar uma sugestão a essa pergunta direta (oferecer uma solução!). Daí você pode dizer: "Você costuma passar perto daquela loja legal. Deve ter algo interessante lá!". E ele pode comprar o presente em seguida.

B

de... bem-estar e saúde

Ou: você quer que ele se cuide mais

A situação

Você sabe por que as mulheres vivem em média mais do que os homens? Um dos motivos é que as mulheres cuidam mais da saúde e vão ao médico com mais freqüência. Os homens evitam ir ao médico, pois vivem segundo o lema: "Nenhuma novidade é boa". Eles não querem parecer doentes nem fracos. Afinal, são caras fortes, que não correm ao doutor a cada dorzinha. Para dizer a verdade, eles só vão ao médico quando chegam ao ponto de carregar a cabeça debaixo do braço... Exceto se forem hipocondríacos... E mesmo assim não querem saber com muitos detalhes se estão doentes ou não.

Segundo um levantamento do instituto alemão de pesquisas de opinião pública Emnid, cerca de 37% dos homens acham que a consulta ao médico só é necessária em caso de doença. Eles não conhecem a palavra "prevenção". Os homens apresentam o dobro de casos de câncer do intestino do total apresentado pelas mulheres. O câncer de pulmão chega a ser notificado cinco vezes mais em homens. Apesar disso, apenas 18% previnem-se contra o câncer. Entre as mulheres, são 50%. Os homens partem do princípio de que não adoecem. "Eu é que não!"

Mas, quando caem doentes, os homens sofrem significativamente mais do que as mulheres, que estão muito mais acostumadas a desconfortos físicos por causa da menstruação. Isso sem falar do parto. As primeiras contrações provavelmente fariam os senhores da criação se suicidar – apesar de se supor que as mulheres sejam mais sensíveis à dor do que os homens. Parece que elas conseguem lidar melhor com a dor porque podem falar a respeito, criando um escape. Os homens são proibidos disso.

Um homem com o nariz escorrendo não tem apenas um resfriado. Certamente foi acometido pela gripe aviária! Só assim é possível explicar por que um cara fortão como ele pode se sentir tão acabado. Um resfriado banal nunca o derrubaria...

Os homens realmente levam uma vida menos saudável do que as mulheres: bebem mais álcool, não se preocupam tanto com a alimentação e também não prestam muita atenção às coisas que fazem bem à saúde. Entrar numa loja de produtos orgânicos parece-lhes um absurdo: se dá para comprar tudo no supermercado, por que escolher esse tipo de farmácia?

Se o homem tem um relacionamento, sua expectativa de vida aumenta – em comparação à dos solteiros. A bem da verdade é pura lógica, pois ele tem uma parceira que cuida dele. A questão é saber se ele tem vontade de ser cuidado.

Compare as revistas femininas com aquelas voltadas aos homens. Você descobrirá que os exemplares femininos abordam intensamente temas como "alimentação" e "atividade física".

As revistas masculinas ocupam-se de retoques exteriores; há nelas mais imagem do que conteúdo: como conquistar uma aparência saudável e musculosa em pouco tempo. Músculos em vez de saúde. Bíceps em vez de consciência.

Vou partir do princípio de que você ama seu parceiro. Quando ele está resfriado, você não se incomoda muito com suas lamúrias, mas gostaria de que ele se cuidasse um pouquinho mais; de que ele fosse ao médico não apenas quando estivesse doente, mas também por prevenção; de que ele bebesse menos, comesse de modo mais saudável e diminuísse a carga de estresse. Em outras palavras, você desejaria que ele se preservasse o máximo possível para você.

DICAS PRÁTICAS

Caso você queira tudo isso, precisa assumir um pouco o papel de mãe preocupada – ou ao menos fazer de conta que é uma. É preciso explicar-lhe que você ficaria mais tranqüila se ele fosse ao médico. Ele vai encarar a situação melhor se tiver a impressão de que está fazendo isso apenas para que você se sinta bem – seguindo o lema: "Acho uma bobagem, mas estou fazendo isso para agradar minha mulher". Deixe-o pensar o que quiser. Se ele prefere o papel do herói imbatível, não tem problema. Os fins justificam os meios.

COMUNICAÇÃO DE EFEITO RÁPIDO E EFICIENTE

"Querido, eu o amo. É importante para mim você ficar saudável por muito tempo. Você pode marcar uma consulta de rotina na semana que vem para me deixar feliz?"

Como eu já disse: ele vai fazer por você, não por ele. É possível que a estratégia funcione. Melhor ainda se você já tiver marcado a consulta e acrescentar: "Infelizmente não dá para desmarcá-la".

COMUNICAÇÃO INEFICIENTE, QUE ACABA EM GOL CONTRA

1 *"Doenças fatais são diagnosticadas tarde demais nos homens porque eles nunca vão ao médico. É melhor você fazer um* check-up."
Você quer amedrontá-lo? Com uma recomendação assim, não tem erro. Aposto que agora, sim, ele vai evitar a questão!

2 *"Não beba tanto! Não fume tanto! As besteiras que você come ainda vão matá-lo!"*
Você já sabe disso faz tempo: homens não gostam de advertências (aliás, mulheres também não). Esse jeito de ficar resmungando não surte nenhum efeito. E mais uma coisa: nunca (nunca!) diga algo desse tipo na presença dos amigos dele. Pouca coisa é pior para ele do que os amigos ficarem com a impressão de que quem manda na casa é você.

C

de... chamego

Ou: você quer mais carinho

A situação

Um problema clássico das leitoras correspondentes de revistas femininas: "Meu parceiro nunca quer namorar comigo. Ele só quer sexo. E, depois do sexo, ele não quer nenhum carinho. Quer apenas virar de lado e dormir".

Nesse caso os homens não são tão estereotipados como sempre se descreve. Geralmente, as mulheres gostariam de ter mais carinho. A mulher que é sempre "acariciada" é uma raridade.

Os escritores Allan e Barbara Pease têm uma explicação simples para o fato de os homens não gostarem tanto de chamegos e afagos quanto as mulheres: eles simplesmente têm a pele mais grossa, e isso no sentido mais estrito da palavra. Os homens sentem os afagos de forma diferente das mulheres, isto é, sentem bem menos. Aliás, esse também é um dos motivos pelos quais uma mulher sente mais frio do que um homem: sua pele é bem mais fina e permeável.

No que se refere ao chamego depois do sexo, os homens também têm uma visão diferente da nossa. Para os homens a sexualidade serve sobretudo para descarregar as tensões e relaxar. Assim que relaxam, conseguem dormir bem. Mas as mulheres relacionam ao sexo uma intimidade não só física, mas também emocional – naturalmente depois elas querem mesmo um carinho e, possivelmente (o que é um horror para os homens!), ainda conversar. Nos piores casos, conversar sobre o que acabou de acontecer. Antes do sexo, o chamego é até bem mais excitante para os homens do que para as mulheres; o hormônio testosterona é responsável pelo fato de que o afago no homem logo desperte um prazer maior.

Porém, vamos analisar a palavra "chamego". Para você, ela soa como algo viril? Pois é. Os homens também não a acham especialmente máscula. Ninguém gostaria de dizer a seu colega: "Ontem Bárbara e eu ficamos um tempão no maior chamego". Mais um problema do desenvolvimento masculino: quando pequenos, os meninos buscam a proximidade física com a mãe com a mesma freqüência que as meninas. Mas à medida que vão crescendo – o ponto alto desse desenvolvimento é a puberdade – vão se retraindo fisicamente. Eles precisam impor limites à mãe, descobrir sua virilidade. Só os "bananas" continuam gostando de sentar no colo da mamãe e, no final, até se deixar beijar! E, em certas condições, o próprio pai também não lhes dá o exemplo de que o chamego é uma coisa boa.

DICAS PRÁTICAS

Mas você quer um chamego, de qualquer jeito! E só isso mesmo, sem precisar dormir junto. Então simplesmente explique a ele essa história da pele. Essas coisas científicas interessam à maioria dos homens. Talvez ele logo queira testar se isso é verdade mesmo. Além disso, ainda há as outras dicas a seguir.

COMUNICAÇÃO DE EFEITO RÁPIDO E EFICIENTE

1 *"Minhas costas estão doloridas, tensas. Você poderia me fazer uma massagem?"*
Com isso você evita a palavra "chamego" e obtém um contato físico sem sexo. É provável que, durante a massagem, ele vá, em algum momento, tentar ter sexo. Quem sabe você também se anima?

2 *"Não existe nada melhor para mim do que ser abraçada e acariciada por você."*
Provavelmente ele vai gostar de se envolver nesse chamego, se não existe nada melhor para você.

COMUNICAÇÃO INEFICIENTE, QUE ACABA EM GOL CONTRA

1 *"Rogério faz carinho na Pietra por horas a fio."*
Ai, ai. Além de achar idiota a comparação com outros homens, ele vai se perguntar como você sabe disso. E assim os piores temores dele serão confirmados: as mulheres conversam sobre as qualidades dos maridos. Provavelmente Pietra

também deve saber tudo sobre ele na cama, como amante. Uma idéia terrível para os homens!

2 *"Afinal, quando nós fizemos carinho um no outro pela última vez?"*

Esqueça: ele não vai entender a pergunta. No máximo vai pensar que você está falando de sexo. Além disso, vai se perguntar o que você quer dizer com isso. Nunca é demais repetir: linguagem direta!

D

de... discutir a relação

Ou: você quer conversar sobre os sentimentos dele

A situação

Ele não pára de falar se o assunto for trabalho, esporte, política ou sua última bebedeira com os antigos colegas de escola. Mas a coisa muda de figura quando você quer falar sobre os sentimentos dele ou a relação de vocês – de repente, seu querido fica mudo como se tivesse esquecido a língua materna de uma hora para outra. E isso realmente aconteceu: discutir a relação faz parte da linguagem feminina. Os homens têm mais dificuldade em expressar o que sentem.

Mesmo assim é irritante você ter a impressão de que só consegue arrancar uma palavra sensata dele sobre amor ou relacionamento se usar um pé-de-cabra. Mas por que será que a maioria dos homens prefere ficar três horas num tratamento dentário de canal a discutir a relação com a mulher ou a namorada? Será que é realmente tão ruim? Em primeiro lugar, é. Quando se trata de sentimentos, o homem está num território estranho. E há basicamente dois motivos para isso: um é biológico; o outro, sociológico.

Vamos começar com a biologia e pensar no tema "caçador e coletor". Há milhões de anos, os homens eram responsáveis por sair de casa e caçar para a família. Habilidades de comunicação não eram necessárias, muito pelo contrário: na caça, era preciso ficar quieto por horas para surpreender a presa. Os homens precisavam de outras habilidades: rapidez e objetividade. Por isso, eles têm um campo de visão diferente do nosso. Eles focam um objeto e não percebem o conjunto. As mulheres, por sua vez, podem reconhecer o que acontece a seu redor num ângulo de 180 graus.

Os homens se desenvolveram corporalmente de maneira diferente das mulheres; eles ficaram maiores e mais musculosos, porque tinham de trabalhar muito mais com o corpo. Por essa razão, e por sua atividade de caçador, o cérebro deles também se desenvolveu de maneira diferente do das mulheres. Assim, o lado direito, responsável pela capacidade de orientação espacial e pela lógica, é especialmente desenvolvido nos homens.

Nesse meio-tempo, as mulheres ficaram responsáveis pela casa e pela família. Elas tinham de se ocupar das crianças, oferecer-lhes calor e aconchego na caverna da família. As mulheres tinham de conversar, construir proximidade e confiança por meio da comunicação. Por isso, o lado esquerdo do cérebro, responsável pela habilidade lingüística, desenvolveu-se nelas mais rápido e melhor. Além disso, segundo os cientistas, as mulheres usam os dois lados do cérebro ao falar. A razão é que as ligações nervosas entre os dois lados é mais desenvolvida nas mulheres do que nos homens. O assim chamado *Corpus callosum*, que interliga os lados do cérebro, é significativamente mais espesso nas mulheres do que nos homens.

Afinal, qual é a relação disso com o fato de os homens não gostarem de conversar sobre seus sentimentos? Em suas experiências, os cientistas descobriram que nas mulheres os centros do sentimento estão muito mais bem interligados aos centros de linguagem. Embora um homem perceba que está sentindo alguma coisa, tem dificuldade de expressar o que sente. Então, nem sempre é sinal de má vontade um homem não querer falar sobre seus sentimentos – ele simplesmente não consegue fazê-lo tão bem como nós.

Mas há algo a acrescentar à biologia: nossa educação. As mulheres gostam de falar sobre seus sentimentos, porque assim conquistam proximidade com o outro. Seguindo o lema "Eu lhe conto alguma coisa minha, e você me conta alguma coisa sua", elas constroem ligações comunicativas com os outros. Embora há tempos não vivamos mais em cavernas, esses modelos de comportamento ainda estão internalizados. As meninas são educadas até hoje para ser suaves e amáveis e para tratar os outros com delicadeza. Elas podem chorar e mostrar fraqueza. Isso não as compromete.

Os homens, por sua vez, não devem ser muito sentimentais, precisam manter o semblante neutro e impenetrável, e é isso o que eles aprendem a fazer. As emoções são interpretadas como sinal de fraqueza ("Não chore!"). Então por que a surpresa por terem dificuldade de expressar o que sentem? Eles têm de ser sempre os fortes, os vencedores. Como podem dizer que têm medos ou preocupações, que se sentem dependentes ou fracos?

E ainda há a questão da prioridade. Os homens têm problemas muito diferentes: o trabalho, o carro, o computador. Para eles, a questão interpessoal não é tão importante quanto para as mulheres (pelo menos enquanto o relacionamento está razoável). Além disso, eles percebem que algo não vai bem muito mais tarde do que as mulheres. Eles ignoram o que há a seu redor pelo tempo que for possível. Quando seu relacionamento entra em crise, eles não se abrem nem com os melhores amigos. Assumir isso seria mais um sinal de fraqueza. Eles poderiam parecer uns bobões caso expusessem seus sentimentos.

Discutir sobre o problema com a parceira lhes dá um medo atroz. Medo de não encontrar as palavras certas e sentir-se inferiores. Os homens sabem que as mulheres são mais avançadas em assuntos de relacionamento, algo mais que natural: quanto mais importância dou a um assunto, mais me ocupo dele e, conseqüentemente, melhor posso me expressar a respeito. Por isso às vezes eles emudecem de puro pânico. Afinal, quem cala não pode dizer nada de errado.

Mas, independentemente dos motivos pelos quais os homens têm dificuldade de falar sobre seus sentimentos, você quer conversar a respeito! Para você é superimportante discutir a relação com seu parceiro. Você quer saber sem falta qual é a melhor maneira de iniciar o diálogo.

Há alguns truques que talvez possam ajudá-la a fazer com que seu "disléxico sentimental" ponha para fora mais do que aquilo que ele está disposto.

DICAS PRÁTICAS

Pesquisadores da comunicação aconselham: a paciência é o primeiro mandamento. Ele deve estar razoavelmente disposto a conversar. Você precisa esperar o momento adequado – que não é quando ele volta para casa estressado do trabalho, morto de cansaço ou estiver preenchendo a declaração de imposto de renda.

Então, para falar algo importante com o homem de seu coração, o momento tem muita importância. Cinco minutos antes do jogo Brasil versus Argentina não é o momento mais adequado. A mesma coisa na hora da largada da Fórmula 1 ou quando ele está tentando consertar o rádio-relógio. Nesses momentos, não consegue conversar com tranqüilidade. Ele precisa fazer uma coisa depois da outra. De acordo com estatísticas elaboradas por seguradoras, é três vezes mais provável um homem sofrer um acidente dirigindo se estiver falando ao celular do que uma mulher.

Não entre em casa começando a conversa com "você, eu e nosso relacionamento", nem com uma acusação: "Você...! Você...! Você...!". Isso o sobrecarrega imensamente. Ele precisa primeiro passar por uma espécie de aquecimento. E acusações nunca funcionam. Você pode esquecer a vontade de discutir a relação caso ele tenha de começar se defendendo.

COMUNICAÇÃO DE EFEITO RÁPIDO E EFICIENTE

1 *"Gostaria de jantar fora com você hoje."*
Você sugere algo concreto – como sair para jantar ou dar um passeio. Ele sabe o que tem de fazer nessa hora. E numa atmosfera relaxada, você introduz o assunto com habilidade, casualmente.

2 *"É importante para mim falar sobre nós. Poderíamos conversar durante quinze minutos?"*
Um limite de tempo é sempre bom, pois ele não precisa ficar preocupado em enfrentar uma discussão sem fim.

3 *"Dá para me explicar mais uma vez o que está querendo dizer?"*
Os homens, como já dissemos, não são tão bons na hora de expressar em palavras o que estão sentindo. Dê-lhe a chance de achar outra formulação. E isso até você entendê-lo.

COMUNICAÇÃO INEFICIENTE, QUE ACABA EM GOL CONTRA

1 *"Temos de discutir nossa relação sem falta hoje à noite."*
Ui! Isso soa a tratamento de canal. Não espanta que ele não esteja a fim, principalmente se você começar desde cedo a atropelá-lo com palavras. Certamente ele vai ficar pensando o dia inteiro em como escapar dessa conversa. É melhor abordá-lo sem avisos, senão ele se sentirá pressionado antes mesmo de você começar. Espere um momento tranqüilo e parta de temas gerais, como o que está acontecendo no mundo ou algo assim. Desse modo você formará uma boa base para a conversa seguinte.

2 *"Agora preste bastante atenção!"*
Quem você é, a mamãe dele? Não o trate como se ele fosse uma criança mal-educada, senão ele vai rapidamente reagir de acordo – com teimosia e cara fechada.

3 *"Tem algo de errado em nosso relacionamento."*
Com certeza algo vai dar errado nessa conversa. Nunca inicie com frases negativas, que não são uma boa base. Elas indicam a sentença antes do inquérito!

DICA EXTRA

Homens gostam de fatos, isso é certo. Se ele estiver com preguiça de conversar e se recusar a falar com você sobre assuntos primordiais, as seguintes descobertas científicas talvez possam mudar o humor dele: "Você sabia que casais felizes vivem mais tempo, querido? E que, quanto mais o casal conversa, melhor é seu relacionamento?". O argumento que você tem em mãos é imbatível.

E

de... entortar o pescoço

Ou: você não quer que ele fique olhando para outras mulheres

A situação

Você é muito feliz com seu parceiro, mas ele tem uma mania horrível: fica olhando para outras mulheres. Ele encara os seios ou o bumbum delas. É claro que você fica irritada. Que mulher gosta de perceber que seu marido fica olhando para outras mulheres? Afinal, você não faz isso. Ou faz?

Claro que sim! Você também faz. Mas em geral de maneira inconsciente, assim como os homens. Não ficamos cegos e surdos de repente só porque temos um relacionamento estável. Permanecemos sensíveis aos estímulos do outro sexo; quando topamos com alguém muito atraente do sexo oposto, damos uma olhadinha. Não tira pedaço. Olhar não significa trair. Ou, segundo um provérbio antigo, embora idiota: "Podemos sentir fome em qualquer lugar, mas comer só em casa".

Os homens chamam mais atenção quando olham para alguém porque eles, de fato, precisam se virar. Uma mulher, com seu campo de visão ampliado, pode usar o canto dos olhos; o homem precisa mexer a cabeça. Além disso, os homens olham muito mais por auto-afirmação do que as mulheres. Seu ego masculino se alegra quando uma mulher revida seu olhar – isso confirma que ele ainda tem chance com as outras. As mulheres também gostam disso, mas essa forma de afirmação é muito menos importante para elas do que para os homens, que se definem substancialmente pela sexualidade.

Enquanto ele não começar a compará-la com outras mulheres (nesse caso não há atenuantes!), você pode reagir com a mesma naturalidade. Caso ele entorte o pescoço um pouco demais para seu gosto, você pode impor-lhe alguns limites.

DICAS PRÁTICAS

Mantenha-se tranqüila e não tenha um chilique. Leve na esportiva o fato de ele olhar para outra mulher de vez em quando. Quanto mais você ficar nervosa, mais atiçará essa situação, que, na realidade, é banal.

COMUNICAÇÃO DE EFEITO RÁPIDO E EFICIENTE

1 *"Ela tem seios maravilhosos, você não acha?"*

Quando ele entortar a cabeça e você reagir dessa maneira, vai se sentir pego em flagrante. Possivelmente ele irá contradizê-la com firmeza e em seguida vai elogiar seu decote – algo que gostamos de ouvir, não? O perigo de que o corpo dele pudesse chegar a reagir por causa da outra mulher está evitado.

2 *"Ora, querido, preciso lhe trazer seus óculos?"*
Você suaviza a situação com uma gracinha. E ele fica desarmado.

3 *"Eu sei que não tem importância. Apesar disso, fico chateada quando você olha para outras mulheres."*
Eu acho que, dessa maneira, você dará importância demais à situação, mas se quiser discutir com ele, que seja deste jeito: passe uma mensagem pessoal, explique o que está sentindo – e ao mesmo tempo diga que não considera sua ação algo ruim. Talvez no futuro ele se esforce para não encarar tanto outras mulheres.

COMUNICAÇÃO INEFICIENTE, QUE ACABA EM GOL CONTRA

1 *"O que está acontecendo? Por que você sempre fica olhando para outras mulheres?"*
Muito provavelmente o "sempre" seja injusto, pois ele não deve fazer isso o tempo todo. A pergunta não é objetiva e não a ajuda em nada.

2 *"Se você acha outras mulheres mais atraentes do que eu, pode ir atrás delas!"*
Dizer isso é jogar a criança com a água do banho. O fato de encarar outras mulheres não quer dizer que ele não a ache atraente. Trata-se de um tipo de reflexo a determinados estímulos, o que não tem nada a ver com você.

F

de... fazer compras

Ou: você quer ir ao shopping com ele

A situação

Um momento típico durante a manhã: ela está na frente de seu armário de cinco portas e passa o olhar preocupado sobre os três metros de cabides e as dez prateleiras entupidas. Dá um longo suspiro. O caso está claro: ela não tem nada para vestir. Então precisa sair rumo ao shopping. Ela não sabe bem ao certo o que quer comprar; quer apenas dar uma olhada. De preferência com o parceiro. E é nesse momento que o problema começa.

Numa situação dessas, vários fatores podem levar a mal-entendidos sucessivos. Ele não entende por que ela diz que não tem mais roupa. Afinal, ela se apossou quase totalmente do armário enorme. As coisas dele juntas, ao contrário, resumem-se a um volume de quatro centímetros cúbicos. Apesar disso, ele poderia partir imediatamente para uma excursão de quatro semanas na

Ásia, sem ter de procurar uma lavanderia nem uma vez sequer durante esse tempo.

Os homens relacionam-se com a moda de forma completamente diferente da das mulheres. Isso não quer dizer que eles não gostem de se vestir de maneira elegante – eles só não querem perder tempo com as coisas fúteis da vida. Nesse sentido, os mais diferentes critérios de avaliação de homens e mulheres são levados em conta impiedosamente: os homens segundo sua posição social, as mulheres segundo sua aparência. Esperamos que a mulher se enfeite e siga a moda da melhor maneira possível. Os homens que fazem isso – quando exageram – são considerados estranhos: "O cara parece ter muito tempo livre! Ou será que é *gay*?".

É claro que o homem sempre gosta de ver que sua parceira está bem vestida e feminina. Mas ele não faz questão de participar de toda a "história da evolução" (ou seja, peregrinar com ela de loja em loja).

Os homens perseguem objetivos, e, na opinião deles, ficar horas visitando lojas sem motivo determinado é puro desperdício de tempo. Quando precisam de alguma coisa, sentam-se no carro, vão até o lugar certo e a compram. Determinar o objetivo, organizar-se para ele, focá-lo e pronto! Mas bater perna de vitrine a vitrine e "só dar uma olhadinha" no que está exposto? Um homem raramente teria essa idéia. O marido de uma amiga minha é um esquisito que gosta de fazer isso, mas há uma explicação para essa exceção à regra: ele é estilista e, nos passeios pelo comércio, sai à procura de inspiração profissional. Dessa maneira, ele também se propõe um objetivo.

As mulheres são diferentes: o caminho é o objetivo. Elas adoram se inspirar no que está exposto nas vitrines, e não precisam comprar alguma coisa. Às vezes a imaginação já é suficiente: elas vêem um vestido bárbaro e se imaginam dentro dele. As mulheres conseguem relaxar ao fazer compras, assim como os homens relaxam assistindo por horas a corridas de carro ou de bicicleta na televisão – o que as mulheres acham um tédio absoluto. Como um homem pode gostar disso? Muito simples: nessas horas, ele consegue se imaginar fazendo uma curva a 380 quilômetros por hora.

Com um charmoso piscar de olhos, o escritor Allan Pease fala de sua mulher: "Nós ficamos constantemente de mãos dadas. Quando eu a solto, ela vai às compras".

Quando quiser convencer seu parceiro a bater perna com você no sábado, ele enxergará o seguinte cenário de horror: primeiro você o arrasta por horas pelo shopping – sem que ele ao menos saiba o que você está procurando. Você fala de um vestido novo, mas logo em seguida olha todas as lojas de sapatos. Ele não entende; afinal, você tinha dito que queria procurar um vestido novo. Por que está olhando os sapatos agora?

O final majestoso do passeio à ante-sala do inferno masculino acontece nos provadores entupidos, abafados e quentes das lojas de departamentos. Com outros colegas de infortúnio, ele fica sentado num banquinho, entregue a seu destino, e espera que você saia várias vezes do provador, cada vez com uma roupa diferente, perguntando: "O que você acha, querido?".

Ele assente e grunhe um "hum", embora na realidade não ache nada. Os homens não enxergam os detalhes quando o assunto é moda. Ele não vai notar que a primeira calça jeans ficou um pouco diferente da de número 42. (Como assim jeans? Ela não estava falando de um vestido?) Apesar disso, ele tem de dar sua opinião. É melhor que ele o faça, para no final não ser acusado de não se interessar por você. E vocês já estão no meio de uma boa briga. Afinal, na semana passada ele não tinha notado que você fora ao cabeleireiro...

Apesar de todos os exageros, há muita coisa verdadeira nessa cena: homens não gostam de fazer compras com mulheres. Exceto quando elas querem escolher novos conjuntinhos de sutiã e calcinha.

DICAS PRÁTICAS

O melhor conselho que posso lhe dar nessa situação é o seguinte: vá às compras com uma amiga. Deixe-o em paz. Tenha compaixão dele, mas pense em primeiro lugar em seu prazer. Qual é a vantagem de passar o sábado no shopping com alguém que detesta compras (o que acaba valendo para a maioria dos homens)?

A primeira meia hora pode até funcionar, mas ele logo perderá a vontade e passará a segui-la de cara amarrada. Cuidado: ele vai olhar para você com essa cara no jeans de número 42 da loja de departamentos.

Será que não é muito mais divertido surpreendê-lo com as novidades numa atmosfera relaxada? Se você lhe mostrar apenas em casa suas compras e seu modo sexy *de se vestir, especialmente para ele, seu amor ficará muito mais atento e menos estressado.*

Quando experimentamos roupas, podemos ficar com a aparência horrível se a calça tiver um caimento ruim ou o modelo da blusa for horroroso. Você quer que ele veja isso? Além disso, a iluminação de néon pavorosa dos provadores transforma feito mágica até os bumbuns lisinhos em montes de celulite. Você quer mesmo perguntar ao homem que você ama se a saia aumenta seu quadril ou se sua barriga fica saltada demais no tubinho? Não, não. Deixe-o em casa. Palpitar sobre roupas é tarefa da melhor amiga. E uma coisa é certa: ela também precisa urgentemente de você para as compras.

Eu a adverti. Você acha que ele precisa acompanhá-la de qualquer maneira, mesmo que seja para mostrar o cartão de crédito no momento certo? Pois bem, é você quem sabe...

COMUNICAÇÃO DE EFEITO RÁPIDO E EFICIENTE

1 *"Querido, eu quero dar uma passadinha hoje à tarde com você no shopping. Preciso de uma camiseta vermelha nova, um par de sandálias rasteiras e um casaquinho de verão."*

Ele não vai ficar feliz, mas você facilita as coisas explicando concretamente o que quer comprar. Ou seja, não será um passeio sem objetivo, demoradíssimo, pelas lojas. A expressão "passadinha" também reforça isso. Ele sabe exatamente o que lhe espera. Homens gostam quando temos um plano para ser seguido: camiseta, sandálias, casaquinho.

É claro que seria melhor se você fosse comprar uma máquina qualquer. Daí ele iria acompanhá-la com prazer, a fim de lhe oferecer seus conselhos de especialista (veja "P de... professor sabichão"). E não ficaria chateado se, depois de visitar a loja de eletrônicos, vocês dessem uma passadinha na loja ao lado para olhar um vestido de verão.

2 *"Querido, eu não tenho nada para vestir. Por isso vou me encontrar no sábado com Sabrina e Beatriz para dar uma volta pelas lojas. Se você ficar entediado, na cozinha há duas caixas de cerveja. Você pode convidar Tomás e Frank e assistir àquele jogo importante de futebol. Ah, é bobagem, vou arranjar uns ingressos para vocês irem ao estádio, já que vou demorar mesmo."*

Não é improvável que, depois disso, seu parceiro fique de joelhos, chorando, e a peça em casamento.

3 *"Querido, você me acompanha e escolhe uma* lingerie sexy *para mim?"*

Também nesse caso é improvável que ele recuse.

COMUNICAÇÃO INEFICIENTE, QUE ACABA EM GOL CONTRA

1 *"Querido, vamos dar uma voltinha pelo shopping no sábado? Depois podemos nos encontrar com Sabrina e Beatriz para bater um papo e tomar um café."*

Nesse caso, você pode perguntar-lhe logo se ele quer que você o nocauteie de uma só vez. Ir no sábado ao shopping lotado? E depois encontrar umas mulheres tagarelas? Uma verdadeira tortura.

2 *"Você não acha que eu preciso de umas roupas novas?"*

Não, ele não acha. Ele acha que o armário está cheio. Além disso, mesmo se ele achasse, não entenderia o que você quer dizer. A afirmação é indireta demais. Ele não percebe que você quer convencê-lo a acompanhá-la ao shopping e acha que você quer uma opinião. Certamente ele responderá com "sim" ou "não" (a segunda alternativa é mais provável) e não se estenderá no assunto.

de... grana

Ou: você quer que, vez ou outra, ele gaste dinheiro com coisas bonitas

A situação

Dinheiro é um tema importante em todos os relacionamentos e infelizmente um dos motivos mais freqüentes para as brigas. Homens e mulheres gastam dinheiro com coisas diferentes. Eles têm critérios diferentes para responder à pergunta: "Isso é importante ou não?".

Por exemplo, você gosta de fazer compras e acha que é um investimento sensato acrescentar ao armário dois vestidos vermelhos de verão, que têm o corte "totalmente diferente" (o que, naturalmente, ele não percebe). Os homens, ao contrário, podem gastar o dinheiro deles sem problemas numa loja de eletroeletrônicos ou enterrá-lo em um *hobby*. Cada um pode fazer o que quiser, desde que existam contas separadas e o saldo sempre seja suficiente.

Mas a realidade da maioria dos casais é bem diferente: eles não podem esbanjar dinheiro. Se há filhos, em geral um deles é o provedor principal e tem de sustentar o outro. Sim, e geralmente é o homem. Ainda. Como a licença-paternidade no Brasil é de apenas cinco dias, são basicamente as mulheres que se ocupam dos filhos e abrem mão da profissão (pelo menos durante algum tempo).

Independentemente de sua situação financeira, às vezes você gostaria de que seu parceiro gastasse dinheiro com coisas que ele acha bobagens como, por exemplo, um fim de semana num *spa*, alguns artigos de decoração para a sala, uma nova jaqueta, porque a antiga está apertada e totalmente gasta. (Incrível como os homens sempre acham que as roupas velhas "ainda servem" – mesmo se estiverem esfarrapadas.)

Se você não está na feliz situação de dispor de uma polpuda conta bancária e poder usar o cartão de crédito para comprar a qualquer hora o que tiver vontade, é provável que tenha de conversar a respeito com seu parceiro. E isso nem sempre é muito simples.

DICAS PRÁTICAS

Para que o tema "dinheiro" não gere insatisfação, vocês precisam conversar e montar juntos o orçamento doméstico. Nenhum dos dois deve ter a sensação de ser negligenciado. Afinal, é mais divertido gastar dinheiro com programas em comum ou com coisas compradas para os dois, não é?

COMUNICAÇÃO DE EFEITO RÁPIDO E EFICIENTE

1 *"Um fim de semana num* spa *iria lhe fazer bem. Você trabalha tanto!"*

Ao menos você percebe que ele trabalha duro para ganhar dinheiro. E, na verdade, você tem razão: ele precisa relaxar urgentemente, para que possa trabalhar melhor depois. Isso pode convencê-lo.

2 *"Permita-se algo!"*

Se você acha o terno antigo dele horrível, esse encorajamento positivo talvez possa levá-lo a adquirir um novo.

COMUNICAÇÃO INEFICIENTE, QUE ACABA EM GOL CONTRA

1 *"Você não pára de torrar dinheiro com coisas inúteis!"*

Ele não acha que as coisas que compra sejam inúteis, senão, não iria comprá-las. Pelo contrário, ele acha que muitas de suas aquisições é que são inúteis. Não dá para discutir sobre isso. Caso você queira evitar uma discussão sobre juízo de valor, o melhor a fazer é deixar para lá.

2 *"Não seja tão mão-de-vaca!"*

Ninguém quer ser chamado de sovina, e, para um homem, essa é uma das piores características. Mesmo se você tiver acertado na mosca, uma afirmação dessas vai deixá-lo agressivo – não mão-aberta.

H

de... hora de mudar

Ou: você quer que ele faça algumas coisas de modo diferente

A situação

Sim, é verdade: muitas mulheres tentam modificar seus parceiros. Os calções desbotados que ele usa para lavar o carro no fim de semana (os quais ela não consegue mais ver), ou a confusão que ele apronta entre garfos e facas na caixa de talheres, algo que ela acha horrível, ou a opinião de que ele tem um péssimo gosto musical: ela desejaria que tudo isso fosse diferente.

Preciso dizer uma coisa: você não é a mãe dele! Portanto, não se comporte como ela. Se você ficar reclamando do jeito de ele ver as coisas, de suas manias à mesa, de seus amigos ou até de seu caráter, ele vai achar que você está tentando discipliná-lo – não é de admirar que todo homem adulto imediatamente feche a cara. Sem chance.

Agora eu poderia naturalmente simplificar as coisas e perguntar provocativamente: se você não o quer como ele é, por que afinal o aceitou? Essa pergunta também é feita pelo homem quando você mostra a ele, insistentemente, que os tênis gastos que ele usa ficam horríveis com as calças de estimação dele, de couro.

De qualquer modo ele já possuía os tênis e as calças quando você o conheceu. Na época, eles não a incomodavam. Pelo contrário, você achou essa combinação esquisita superlegal e pensou: "Mas que cara pouco convencional!". E na primeira noite ele já fez xixi no banheiro com a porta aberta, ouviu música sertaneja no último volume e comeu pizza com a mão. De repente você começa a reclamar e acha que, subitamente, ele precisa mudar tudo. Como um homem pode entender isso?

Todas nós conhecemos isso. Quando a paixão passa, os óculos cor-de-rosa vão aos poucos perdendo seu tom romântico e com maior freqüência mostrando a realidade. De repente, chamanos a atenção suas cuecas samba-canção com estampas cômicas, e, claro, gostaríamos de mudar isso. Assim é o transcurso do amor. A tinta vai descascando, o que não significa que o amor acabou. Em resumo, é normal que certas coisas no parceiro comecem a nos incomodar depois de certo tempo. A pergunta é: como falar isso a ele?

DICAS PRÁTICAS

O importante é não investir com brutalidade, dizendo-lhe que quer modificar algumas coisas nele. Não o discipline ao lhe dizer isso – ele não gostaria. Com um pouco de sensibilidade talvez você consiga se livrar dos calções cômicos dele (é o que você desejaria). O ideal é que no final ele acredite que foi tudo idéia dele. Afinal, quem gostaria, mais tarde, de contar aos amigos: "As camisas novas foram escolhidas por minha mulher. Chiques, não?".

COMUNICAÇÃO DE EFEITO RÁPIDO E EFICIENTE

1 *"Estou pensando no que vou vestir para ir à festa amanhã à noite... Gosto muito de ver você usando aquela camisa azul. Você fica lindo quando a veste."*
E agora espere. Será que ele vai usá-la? Se não, talvez você tenha mais sorte da próxima vez. Pelo menos você não fez nenhuma pressão e lhe deu a chance de resolver sozinho. Na próxima festa certamente ele vai surpreendê-la usando aquela camisa azul. Então mostre-lhe o quanto está feliz.

2 *"Veja: um corte de cabelo como este certamente ficaria bem em você."*
Não espere que ele vá imediatamente ao cabeleireiro. Mas a maioria dos homens é tão vaidosa quanto as mulheres. No mínimo ele vai pensar muito sobre isso.

3 *"Eu acho que você poderia tranqüilamente mostrar mais seu corpo tão* sexy *usando camisetas apertadas."*
Sempre vincule tudo a afirmações positivas. É o que funciona melhor. Se animá-lo em vez de reclamar, você estará do melhor lado. Quando conseguir fisgá-lo pelo lado da vaidade, ele vai passar a usar apenas camisetas apertadas. Com aquele corpo...

COMUNICAÇÃO INEFICIENTE, QUE ACABA EM GOL CONTRA

1 *"Separei seus calções desbotados e os joguei fora. Eram horríveis."*
Que maldade! Isso é uma invasão de privacidade. Agora você poderá se sentir feliz se ele não pegar a gaveta com toda a sua maquiagem e virá-la sobre a lata de lixo. E com

toda razão. Jogar coisas fora está absolutamente proibido. Bem, talvez seja possível com um pouco de manha feminina: "Ooops, benzinho, aconteceu um pequeno acidente: seus calções encolheram na hora de lavar. Sinto muito!".

2 *"Vestido com essas roupas, não quero que você vá comigo!"*
"Então, eu fico em casa." A probabilidade de ele falar isso é grande. Afinal, ele não é sua marionete. Além disso, quer (assim como toda mulher) ser amado e aceito pelo que é – e não porque está usando uma roupa bem transada.

I

de... igualdade profissional

Ou: você quer provar a ele que é capaz profissionalmente

A situação

A triste verdade é que as mulheres ganham menos que os homens – ainda que tenham a mesma profissão. De acordo com estatísticas, o salário delas fica entre 15% e 20% abaixo do recebido por eles em funções iguais. Isso é irritante e injusto. Mas em parte as próprias mulheres são culpadas por isso, pois muitas vezes o que importa para elas é a comunicação. Os homens se promovem de uma maneira diferente da das mulheres. Em geral eles se autopromovem melhor. E para cargos melhores.

Então é preciso comunicar que você é mais qualificada que os outros, exatamente como os homens fazem. Não estou querendo dizer que você deva se comportar como um homem. O principal problema é que, mesmo que a mulher seja altamente qualificada, falha ao transmitir isso – principalmente se o interlocutor for homem. Outras mulheres conseguem decifrar o modo de comunicação de suas semelhantes automaticamente – e ler nas entrelinhas o que está sendo dito –, mas isso não dá certo com o sexo oposto.

Um exemplo: há pouco tempo meu irmão e minha cunhada procuravam uma pessoa para cuidar da casa e dos três filhos. Eles colocaram um anúncio no jornal, que foi respondido por muitas pessoas, entre as quais um homem. Meu irmão e minha cunhada chamaram algumas pessoas para conversar e verificaram exemplos muito significativos de falhas na comunicação masculinas e femininas quando o assunto é profissão.

O jovem que se apresentou iniciou imediatamente a conversa com as palavras: "Para passar roupa e cuidar da casa, sou ótimo!". No decorrer da entrevista ele continuou a se mostrar muito autoconfiante e competente. Nada era problema para ele (lavar roupa, cuidar das crianças, limpar a casa); cuidaria de tudo com muita facilidade. Em relação à entrevista da maioria das mulheres, a apresentação dele soou um tanto presunçosa. Pelo menos foi isso que minha cunhada achou. Meu irmão encarou a coisa de modo totalmente diferente: ele tinha gostado da impressão proativa que o rapaz havia transmitido. Eles estavam procurando alguém exatamente assim! Ele não tinha qualquer dúvida em relação às qualificações do jovem; este o tinha convencido.

Logo depois uma senhora mais idosa se apresentou. Ela era simpática e reservada, respondeu educadamente às perguntas que lhe foram feitas e, quando meu irmão e minha cunhada questionaram se ela seria capaz de cuidar de três crianças, ela disse o seguinte: "Acho que não teria problema". Não é possível se promover de maneira pior nem expressar tão bem a própria insegurança!

Em comparação ao "Eu consigo fazer", logo identificamos dois atenuadores ("acho" e "teria"), que praticamente demoliram a afirmação que a mulher queria fazer ("Sim, faço isso sem nenhum problema."). Com base nisso, meu irmão resumiu: "Não sei. Acho que ela não se sente capaz". Minha cunhada não interpretou a resposta dessa maneira. Ela entendeu que foi por pura educação que a mulher não disse: "É claro, dou conta disso dormindo!".

Quando meu irmão e minha cunhada examinaram os currículos desses dois candidatos mais atentamente, descobriram algo espantoso: enquanto o jovem autoconfiante tinha passado por quase todo tipo de emprego possível – mas sem qualquer experiência como empregado doméstico –, a mulher tinha graduação em psicologia e muitos anos de experiência. Ela não mencionou nem uma palavra sobre sua faculdade durante a entrevista. Dá para entender?

O papel da educação também é enorme aqui. Os meninos aprendem que terão de concorrer, que a vida é uma competição. Eles são recompensados quando conseguem ser bem-sucedidos. E as meninas? Elas serão recompensadas se forem simpáticas, doces e reservadas, quando promoverem harmonia e não se sobressaírem demais. São consideradas "não femininas" caso se exponham e revelem do que são capazes. Talvez você já tenha ouvido mulheres de sucesso sendo chamadas de duronas de maneira pejorativa.

Mais tarde, muitas de nós tentarão resolver a quadratura do círculo: queremos ser mulheres, vivenciar nossa feminilidade, mas também ter sucesso profissional. Então nos dividimos, tentamos nunca sair da estreita zona entre ser autoconfiantes o suficiente e não exagerar na autoconfiança. Felizmente, cada vez mais pessoas estão percebendo que não é nada negativo as mulheres serem engajadas e autoconfiantes.

DICAS PRÁTICAS

Na hora de falar sobre trabalho com um homem, lembre-se de nunca esconder suas aptidões; e, se você terminou o curso com a nota máxima, revele o fato tranqüilamente. Por que não? Afinal, isso não é motivo de vergonha! E não se preocupe: um homem nunca vai achar sua atitude exibicionista; em seu lugar, ele agiria da mesma forma. Aprenda, como mulher, a falar bem de si – senão você vai desperdiçar a chance de os outros perceberem seu valor! Isso não quer dizer que você vai andar por aí dizendo para todo mundo: "Sou a melhor!". Muitas vezes é suficiente falar a verdade e assumi-la com autoconfiança.

O mesmo vale quando você já está empregada. Apresente-se confiante e defenda seu trabalho. Não mostre insegurança – mesmo quando estiver se sentindo insegura (veja a "Comunicação ineficiente, que acaba em gol contra", a seguir).

COMUNICAÇÃO DE EFEITO RÁPIDO E EFICIENTE

1 *"Estou perfeitamente qualificada para este trabalho e correspondo a todas as exigências."*

Breve, concisa, objetiva. Isso vai agradar seu interlocutor masculino. Você não deixa dúvidas de que é capaz de assumir o trabalho.

2 *"Se eu for escolhida para o emprego, o senhor ficará muito satisfeito. Isso eu lhe garanto."*

Uma frase dessas nunca sairia de sua boca, certo? Pena, porque algo semelhante impressiona qualquer gerente de recursos humanos. A não ser que seja mulher. Nesse caso, eu seria mais cuidadosa.

COMUNICAÇÃO INEFICIENTE, QUE ACABA EM GOL CONTRA

1 *"Acho que sou capaz."*
Errado! Errado! "Achar" significa "não saber". Evite verbos atenuadores, como "pensar", "achar", "espero", e o modo subjuntivo. É claro que você é capaz.

2 *"Minha pretensão salarial? Bem, ainda não pensei a respeito."*
Como assim? É evidente que você tem uma pretensão salarial e é claro que já pensou a respeito. Até a hora da entrevista de emprego, você não fez outra coisa senão se preparar da melhor maneira possível para a apresentação, deixando de lado todo o resto. É isso que se espera de você! O que seu interlocutor vai pensar? Que para você tanto faz; que você é tímida demais para pedir um salário alto; que, no fim das contas, você não sabe bem ao certo qual o valor do seu desempenho? Você vai deixar ao acaso a oferta de salário que lhe será feita e assumir o trabalho sabendo que seria possível receber mais por ele? Nenhum homem faria uma coisa dessas.

Antes da entrevista, descubra qual é o salário médio pago para cargos equivalentes ao que você deseja ocupar. Em seguida, eleve-o de 15% a 20% para ter espaço de negociação. Assim você estará segura de receber o que lhe é de direito.

Se você ficar com o emprego e passar pelo período de experiência, peça um aumento de salário. As mulheres também têm dificuldade nisso. Elas temem não ser mais *queridas* por causa disso. Estamos falando de seu trabalho, que deve ser pago de maneira decente.

3 *“Terminei o relatório da maneira que consegui. Por favor, veja se o senhor está de acordo. Ainda não estou bem certa disso. Posso refazê-lo sem problemas.”*

Você conhece a expressão “levantar a lebre”? É o que acontece quando alguém diz uma frase dessas – e isso também é uma especialidade de muitas mulheres. Elas se desculpam logo de cara porque estão inseguras, e acabam chamando a atenção para o fato de que seu trabalho talvez não seja assim tão maravilhoso. De que adianta? Seu chefe já vai dizer a você se seu trabalho não o agradar. Entregue o relatório com autoconfiança e diga: “Aqui está. Terminei”. Todo o resto é desnecessário.

É possível aprender muito com os homens sobre essa questão. Eles são especialistas em blefar e fazer “cara de paisagem”. Nunca iriam se expor ao assumir que alguma coisa pode não ter ficado boa o suficiente. Se você já o alerta de que gostaria de refazer o trabalho, seu interlocutor vai entender que você não domina a matéria. Além disso, ele vai se perguntar por que você é tão idiota a ponto de contar-lhe isso.

Em primeiro lugar, imagine-se em outra situação: você encomendou um vestido novo à costureira. Quando vai retirá-lo, ela confessa que ainda não está muito segura sobre o caimento do vestido e gostaria de refazê-lo. E agora? Você vai descobrir rapidamente algumas costuras malfeitas, que, de outra maneira, nem teria notado. Por isso, sorria, estufe o peito e fique quieta!

J

de... júnior

Ou: você quer ter filhos com ele

A situação

Você acabou de fazer 35 anos. Seu relógio biológico começa a se manifestar em alto e bom som, e você se espanta porque as outras pessoas não reparam nisso – seu amado diz que só quer pensar em filhos daqui a uns dois ou três anos. Você já se imagina passando por inseminação artificial ou preenchendo um requerimento de adoção – que será recusado, pois sua idade é avançada demais. Isso não quer dizer que os homens não querem filhos. Eles só não têm tanta pressa. Afinal, neles não há relógios marcando o tempo.

Embora seja injusto e maldoso, a querida biologia impõe limites às mulheres. Ao passar dos 20 e tantos anos (!), as mulheres já são consideradas mães tardias. A partir dos 35, fala-se de "gravidez de risco". Ambos não soam bem e poderiam quase fazer você esquecer a questão dos filhos quando ultrapassasse os 25.

Não há termos correspondentes para os homens. Eles podem gerar filhos até na terceira idade – e às vezes o fazem. Vemos homens de cabelos brancos como a neve e com idade de avós empurrando satisfeitos seu primeiro filho, no carrinho, pelo parque. A mãe, claro, é bem mais jovem do que ele, senão, ela não poderia ter tido o filho. Nem vamos entrar na questão sobre se é do interesse do filho ter um pai com idade de avô. Talvez eu esteja falando por causa da inveja: isso é impossível para nós, mulheres. Filhos não nascem de vovós.

Se filhos são um assunto importante para você, trate de procurar sem falta um parceiro que, a princípio, também queira alguns. Mudar a opinião de um homem que rejeita a idéia de ter filhos categoricamente é mais que difícil. Vamos supor que você já esteja há um tempo com seu parceiro e queira planejar uma família. Mas ele não quer – ainda não. Os motivos dele podem ser:

1. Ele não se sente maduro o suficiente e teme a responsabilidade; ainda se acha uma criança.
2. Ele tem medo de que um filho roube o tempo a dois de vocês.
3. Ele se preocupa com o lado financeiro.
4. Ele não está certo de que você é a mulher certa para ser a mãe dos filhos dele (essa não é uma situação muito favorável).
5. Ele quer apenas ser livre e curtir a vida (mas isso deveria ter passado quando ele chegasse aos 35 anos).
6. As crianças o irritam.

Independentemente do motivo, o melhor é você conversar com calma (antes que seu relógio biológico a incomode demais) sobre a falta de vontade dele. Talvez ele tenha alguns argumentos que a convençam a esperar mais um ou dois anos. Por isso é tão importante começar a discussão antes de a corda do relógio parar. Do contrário, não haverá espaço para uma conversa, e a pressão vai dominar. Decidir-se por um filho é algo importante, e o casal deve dar esse passo em conjunto, pois mais tarde dividirá as responsabilidades.

Por isso, não acho certo dar dicas para convencer um homem que não quer ter filhos a mudar de idéia. Se ele não quer, ele não quer. Essa não é a melhor condição para a paternidade.

Meu melhor conselho para você é deixar de lado os truques e as tentativas de convencimento e procurar outro parceiro, caso você não consiga imaginar uma vida sem família. Mas, bem, talvez um empurrãozinho na direção certa ajude...

DICAS PRÁTICAS

Meu conselho sério é este: nunca oculte que parou de tomar o anticoncepcional nem "se confunda" na hora de determinar seu ciclo! Existem mulheres que não falam muito e partem logo para a ação. "Epa, eu esqueci da pílula." Mesmo se esses casos terminarem bem, quer dizer, se o homem se curvar ao destino, um caminho tortuoso desses quebrará substancialmente a confiança mútua do casal. Faça um favor para vocês dois e aja de modo responsável.

COMUNICAÇÃO DE EFEITO RÁPIDO E EFICIENTE

1 *"Eu entendo que você ainda não queira ter filhos. Mas, como mulher, eu não tenho muito tempo. Estou com medo de que acabe ficando tarde demais."*

Uma declaração honesta como essa é a mais adequada para o assunto. Nada de joguinhos. Divida com ele o que está se passando em seu interior. Esse argumento não pode ser descartado. Ele vai entender o que você quer dizer e por que está preocupada.

2 *"Eu adoraria ter uma menininha ou um garotinho que fosse a sua cara."*

Mesmo que isso não seja totalmente verdade e você espere que um filho em comum não herde o nariz adunco dele, os homens são sensíveis a esses mimos. Assim como as mulheres.

COMUNICAÇÃO INEFICIENTE, QUE ACABA EM GOL CONTRA

1 *"Você só não quer ter um filho comigo porque não acha que eu seja a pessoa certa."*

Às vezes as mulheres são muito boas em colocar tais coisas na boca dos homens. Elas o fazem na esperança que eles as contradigam imediatamente, indignados. É chato descobrir que eles concordam...

2 *"Eu ainda não sei se quero ter filhos. Talvez mais tarde."*

Se você disser uma frase dessas no começo de um relacionamento, não poderá se espantar se, um ano mais tarde, ele ficar totalmente surpreso ao pegar você insistindo com o tema "filhos". Afinal, você disse algo diferente antes. Como ele pode saber que, na realidade, sua opinião é totalmente oposta?

Muitos manuais de namoro dão a dica de *nunca* falar sobre gravidez e casamento ao conhecer alguém, pois isso pode afugentar os homens. Talvez você não deva lhe contar logo depois do primeiro "oi" que sonha com trigêmeos e uma casa no campo. Mas, se você desejar ardentemente um filho, não falte com a verdade! Diga: "Sim, eu gostaria de ter filhos. Em minha opinião, eles são parte indispensáveis da vida".

Pode ser que o homem desapareça porque não tem qualquer afinidade com crianças. Mas desse modo as cartas estão na mesa, e todos sabem o que lhes espera. Você pode procurar alguém que divida seu desejo por filhos e não precise ser convencido disso.

K

de... kg, kg, kg

Ou: você gostaria de que ele perdesse alguns quilinhos

A situação

É possível que você se veja nesta cena: quando se conheceram, ele era um magricela alto: 70 quilos, espalhados em 1,90 metro. Naquela época, você achava que ele poderia muito bem ganhar uns cinco quilos. Hoje, vinte anos depois – você tem três filhos e manteve o manequim 40 por meio de contínuos regimes à base de frutas e dias em jejum –, as coisas mudaram um pouco. Ele está com uma barriga impossível de não ser notada, uma circunferência nada invejável. Cinco pneus no lugar de um tanquinho.

É claro que você o ama pelos valores pessoais dele. Apesar disso, não consegue evitar de pensar com saudade na época em que ele subia os cinco andares até seu apartamento de solteira, pulando de três em três degraus, para depois amá-la de modo selvagem, fogoso e ofegante. Hoje, quem fica ofegante durante o sexo é você – porque não consegue respirar por baixo do peso monstruoso dele.

Até agora, nenhuma das tentativas de colocá-lo numa dieta pobre em calorias surtiu efeito. Ele encara as comidinhas *light* de sua apetitosa frigideira com revestimento antiaderente como um tira-gosto, que vai deixá-lo em ponto de bala para costelinhas de porco, batatas coradas e uma cerveja gelada. Você se pergunta se ele não percebeu que nos últimos vinte anos engordou a mesma quantidade de quilos. Não, ele não percebeu. E, mesmo que tenha percebido, para ele isso é quase irrelevante.

É que ele não entende qual o problema: o espelho ainda reflete um homem atraente, que no máximo está com uma barriguinha. Ao passo que as mulheres tendem a observar-se com excesso de severidade, chegando a registrar as menores oscilações de peso. Os homens acariciam a barriga com carinho e atestam que, no geral, são uns caras muito bem-apessoados.

Acima de tudo, seu parceiro acha que um recheio generoso significa bem-estar, o que expressa sucesso profissional. E sabemos que o sucesso profissional é o topo da escala de prioridades do homem.

É claro que ele nota as pequenas insinuações que você lhe faz vez ou outra. Mas as ignora solenemente. A palavra "dieta" aciona todos os sinais de alarme. Ele acha que não é másculo pensar sobre alimentação. Afinal, seus antepassados caçadores não se preocupavam muito antes de assar na fogueira, entre gritos de júbilo, um porco selvagem recém-caçado.

Ele acha impensável pedir salada com lascas de peito de peru e uma água mineral no almoço, enquanto seus colegas de trabalho se deliciam com filés, batatinhas fritas e uma boa cerveja. O que os outros pensariam dele? Um contador de calorias feito uma mulherzinha, um rapazola afeminado que, secretamente, faz as mãos e os pés e que em casa fica passando aspirador.

Não, dietas certamente não são para homens. Muito menos um assunto para se discutir. Não é por acaso que o programa dos Vigilantes do Peso desenvolvido com ênfase nos homens é seguido basicamente pela internet. Nas reuniões semanais, nas quais de vinte a quarenta mulheres aplaudem frenéticas cada grama perdido pelas colegas de sofrimento, há tantos homens quanto um cara interessante nos encontros das agências de matrimônio. Os homens não apreciam esses eventos com dinâmica de grupo. Eles também não fazem hidroginástica nem qualquer curso livre de macramê. Pelo menos não antes dos 70 anos. Os únicos lugares onde os homens gostam de se reunir são estádios de futebol ou seus bares preferidos.

O motivo pelo qual os homens não se preocupam tanto com o peso é simples: eles são avaliados por *status*; as mulheres, pela aparência. Você não acha? Como Jack Nicholson continua fazendo personagens maravilhosos, embora já esteja bem enrugado e disforme, enquanto para mulheres como Meryl Streep os bons papéis vão rareando continuamente?

Mas, mesmo que os homens não sejam majoritariamente avaliados por características externas, é compreensível que você não queira que seu parceiro esteja muito acima do peso. Começando pela saúde – dele. E por você!

DICAS PRÁTICAS

A melhor estratégia – como nas muitas vezes em que você quer levar seu parceiro a fazer alguma coisa – é a seguinte: ele precisa ter a impressão de que teve a idéia sozinho. A maioria dos homens é animal-alfa e tem dificuldade de seguir ordens. Eles querem ser o chefe em todas as situações da vida. Curvar-se diante da vontade de outro é absolutamente o contrário disso.

Ao forçá-lo, você terá poucas chances de sucesso. Ele vai seguir por no máximo uma ou duas semanas a dieta da revista que você lhe cozinhar. Além disso, é provável que ele saia para comer outras coisas escondido. Apesar disso, não se preocupe: a situação não está tão perdida quanto você imagina.

COMUNICAÇÃO DE EFEITO RÁPIDO E EFICIENTE

1 *"Escute só: aqui está escrito que o sobrepeso tem um efeito negativo na potência masculina." (Enquanto isso, você folheia uma revista, interessada.)*

Todo homem reage à palavra "potência" – independentemente de sua vontade. Isso lembra um pouco o cachorro da experiência de Pavlov, que tinha reflexos condicionados ao som de uma campainha. Um sinal de estímulo que ele mal consegue ignorar. E seu maior medo – além daquele de "ele" ser pequeno demais – é ficar impotente. Você vai vê-lo recusando a sobremesa com freqüência no jantar.

2 *"Eu considero você e Gustavo dois homens sólidos!" (Gustavo deve pesar pelo menos 120 quilos.)*

Os homens foram alimentados com pensamentos competitivos como se fossem leite materno. Seu parceiro adora se comparar a outros homens. A condição é se sair melhor na parada. Agora ele vai fazer de tudo para não ser mais colocado no mesmo saco que Gustavo e tentar expulsá-lo dali o mais rapidamente possível. Então, ele vai emagrecer. Ou ao menos tentar. Se perceber que ele está começando a tomar as providências necessárias, você pode ajudá-lo discretamente. Talvez esqueça sem querer um livro de regime no banheiro. Sorrateiramente, ele irá folheá-lo.

3 *Acaricie a barriga dele à noite antes de dormir e diga: "Meu ursinho doce, é tão gostoso fazer cafuné na sua barriguinha macia!"*.
Nenhum homem quer ser um ursinho doce com barriguinha macia. Ele começa a ficar preocupado já pelo uso dos diminutivos. Caso fique pensando em como evitar essas conversas no futuro, ele certamente chegará à solução do emagrecimento.

4 "..."
Nesse caso, também é possível usar a comunicação não-verbal, embora uma abstinência de amor (melhor dizendo, abstinência de sexo) não seja uma das estratégias mais elegantes. Mas é uma das mais eficientes. Não se espante se depois de semanas de abstinência ele começar de repente a correr no parque pelas manhãs e tomar água mineral.

COMUNICAÇÃO INEFICIENTE, QUE ACABA EM GOL CONTRA

1 *"Olhe, querido: esta receita de verduras e massa é muito saborosa, tem apenas 346 calorias por porção, é totalmente vegetariana e segue as regras da alimentação fracionada."*
Aqui aparecem três erros ao mesmo tempo: um homem relaciona as palavras calorias, vegetariana e alimentação fracionada com hospital, doença e falta de qualidade de vida. Simplesmente não parece algo prazeroso.

2 *"Beatriz emagreceu 10 quilos no Vigilantes do Peso. Será que você não quer ir lá também?"*

Se você quiser sugerir os Vigilantes do Peso, passe o endereço eletrônico para ele. Assim, ele poderá checar o programa discretamente e com calma. Não vem ao caso participar das reuniões com Beatriz ou seja com quem for. Nunca na vida ele teria a idéia de assumir publicamente que está brigando com o peso. Principalmente se as reuniões são freqüentadas basicamente por mulheres!

3 *"O que você acha de comermos só frutas por alguns dias a partir de amanhã?"*

Ele provavelmente não achará nada. Para ele, frutas não são comida de verdade. Afinal, um homem não é um papagaio. E para reforçar: os homens preferem fazer sozinhos coisas como emagrecer. As mulheres jejuam juntas e se apóiam mutuamente, mas os homens não gostam disso. "Vamos, querido. Eu vou acompanhar você" não vai funcionar. Ele não quer sua pena de modo algum.

Se ele acabar tentando, será secretamente. Apenas assim driblará o perigo de, se fracassar, ter de confessar a derrota a você. Se realmente der certo, ele dirá: "Ah, eu? Emagreci? Nem notei!". Os homens não querem que pensemos que eles ficam remoendo as coisas por muito tempo.

L

de... lorotas

Ou: você gostaria de que ele lhe dissesse a verdade

A situação

As mulheres acham que os homens mentem muito mais que elas. Mas isso não é verdade: homens e mulheres mentem o mesmo tanto, só que por motivos diferentes. As mulheres mentem para não magoar ("É claro que não acho você gordo demais."). Os homens mentem para melhorar sua imagem ("Não esqueci das compras; a loja é que já estava fechada."). Além disso, os homens mentem porque detestam conflitos. Eles querem ter sossego e não brigar com as mulheres, porque têm medo de ser verbalmente inferiores a elas. Elas utilizam com mais freqüência mentiras de emergência a fim de evitar brigas. Ou seja, homens e mulheres têm muitas vezes o mesmo motivo: evitar conflitos.

Mas as mulheres percebem mais rapidamente se estão ou não ouvindo a verdade. Elas dispõem de uma intuição melhor. Como fazer seu querido mentiroso dizer a verdade?

DICAS PRÁTICAS

Primeiro é preciso diferenciar: trata-se de uma mentirinha inocente, com a qual ele está tentando tirar a cabeça da forca? Ele quer se safar de uma bobagem qualquer? Então, simplesmente, deixe-o em paz; ele não está prejudicando ninguém – é minha opinião. Mas sei de amigas que permitiriam tudo ao parceiro, menos mentir. Não aceitariam nem mesmo uma minúscula mentira de emergência.

A coisa muda de figura se o homem é um mentiroso notório e, por princípio, não se compromete com a verdade em relação a coisas importantes. No tema "amantes", por exemplo, ou se a empresa está prestes a falir. Quem é pego mentindo num setor da vida tão importante geralmente não merece a confiança que você depositou nele. Como é possível continuar acreditando na pessoa? Não quero dizer com isso que você não possa desculpar uma pulada de cerca de seu companheiro. Mas se você teve de se esforçar para descobri-la – e se ele continuou negando tudo, mesmo sendo confrontado com provas irrefutáveis –, está com um problema que não dá para resolver apenas na base da conversa.

O que você deve fazer se mesmo as mentirinhas inocentes a irritam, principalmente se estão estampadas na testa dele? Como fazê-lo perder o medo de dizer a verdade?

COMUNICAÇÃO DE EFEITO RÁPIDO E EFICIENTE

1 *"Querido, como vão as coisas na empresa?"*

Quando você está com o pressentimento de que algo não vai bem e seu parceiro não diz nada (quase uma mentira por omissão), converse com ele calma e amigavelmente. Faça uma pergunta que ele não possa responder apenas com "sim" ou "não" (veja também "T de... tagarelice"). Talvez ele comece a falar.

2 *"Não tem problema se você mentiu. Agora quero saber apenas a verdade."*
Ao mentir, muitas vezes os homens são quase como os garotinhos, que têm medo da "mamãe". Tire esse medo dele e esclareça que você acha pior ele mentir do que confessar algo desagradável. Dê-lhe a segurança de que receberá uma segunda chance.

COMUNICAÇÃO INEFICIENTE, QUE ACABA EM GOL CONTRA

1 *"Você mente descaradamente!"*
O que ele vai retrucar? A situação já está tensa de qualquer jeito. Se você o confrontar, ele vai continuar negando tudo. Como você parte do princípio de que ele é um mentiroso, seu parceiro pode manter a consciência limpa.

Aliás, a consciência é outra questão. Acuse-o e brigue com ele; a bem da verdade, você está lhe fazendo um favor. Quando os homens têm a consciência pesada, muitas vezes acham mais fácil lidar com uma parceira irada e agressiva do que viver com os próprios sentimentos de culpa. Se você tiver um chilique e ficar berrando, no fundo ele se sentirá com a razão. O lema é: "Certo, eu menti. Mas o que me resta fazer com uma chata histérica dessas?". E rapidamente se transformará em vítima. Você quer fazer a ele o favor de acabar se tornando a má e aquela que distorce a verdade?

2 *"Escutei algo bem diferente a respeito."*
Essa afirmação vai deixá-lo inseguro. O que você escutou? De quem? Ele vai continuar se defendendo e pedir as fontes. Isso leva a uma briga, não ao esclarecimento dos fatos.

M

de... matrimônio

Ou: você gostaria de se tornar a esposa dele

A situação

Há homens de dois tipos: aqueles que em algum momento vão querer se casar e aqueles que nem pensam nisso. Você sempre sonhou em casar de branco? Vai ficar difícil se você estiver se relacionando com alguém que não acredita de jeito nenhum no matrimônio. Caso você esteja lidando com um ser resistente ao casamento, nem as frases mais adequadas vão ajudá-la.

É verdade que hoje em dia não há mais necessidade de ficar junto com papel passado. A pressão moral ou social não existe mais. Um casal que vive uma união estável não é mais encarado com restrições (a não ser num vilarejo bem lá no interior). Mesmo assim, muitas mulheres sonham em desfilar de branco em uma igreja ou apenas se apresentar a um juiz de paz num vestido maravilhoso.

Quando somos crianças, romantizamos a situação assim: o homem de nosso coração está parado no altar, nós estamos usando um vestido de princesa, a música está tocando, é o dia mais bonito de nossa vida. Como gostamos de assistir a esses filmes de Hollywood nos quais o herói se casa com a heroína no final! Nós nos reclinamos na poltrona do cinema e suspiramos: "Ah, isso é tããããooo romântico!".

Os homens não demonstram que são românticos, pois isso se enquadra novamente no setor "sentimentos". Eles não choram nos momentos especialmente delicados dos filmes e muito menos ficam hipnotizados de tanto encantamento quando se imaginam andando pelo meio de uma igreja. Nada disso faz parte dos sonhos dos meninos. Os garotos querem ser bombeiros, astronautas ou caubóis. Descobri que não há pesquisas representativas sobre o tema "desejo de se casar" entre eles. Em minha opinião, entre os meninos, o sonho de ser noivo deve estar em um dos últimos lugares de sua lista de ambições.

Para um homem, o matrimônio significa principalmente: amarrar-se, assumir responsabilidades, comprometer-se. E até assinar um contrato. Os homens têm certas dificuldades para lidar com isso. Amar a mulher está longe de significar que querem se casar. E, quando se casam, não assumem necessariamente que o fizeram por amor (longe deles ser enfeitiçados pelos sentimentos ou algo assim).

No livro *Mann oh Mann* [algo como Homem, ô homem!] (Goldmann), Dietmar Bittrich cita os motivos mais freqüentes para os homens se casarem:

1. 64% se casam porque a mulher quer;
2. 59% acreditam que o casamento favorece a vida profissional;

3. 52% se casam para formar uma família;
4. 44% assumem o compromisso porque um filho está a caminho;
5. 40% se casam para experimentar;
6. 38% são motivados pela solidão;
7. 33% se casam por tradição;
8. 31% se casam para ter sossego;
9. 29% se casam para manter as aparências.

O argumento "por amor" está no 18º lugar dessa lista. E com assustadores 10%. Bem, se isso não for romântico...

Se seu parceiro não toma a iniciativa de pedi-la em casamento, pressioná-lo a casar-se por amor não me parece o melhor argumento a ser usado. Por que seria? Ele descobrirá – com uma boa dose de razão – que o amor que sente por você não aumentará com o casamento. Mais uma vez, esse é um tipo de lógica masculina que a deixa furiosa. A maioria das mulheres odeia que seus desejos emocionais sejam sufocados por lógica pragmática.

O que você poderia fazer? Você já está há algum tempo com um homem e seu maior sonho é que ele se ajoelhe a seus pés e peça sua mão em casamento? Dá para forçar algo assim? Não. E, mesmo se fosse possível, não seria uma idéia brilhante. Talvez você possa guiá-lo para a direção correta...

DICAS PRÁTICAS

Vamos supor que seu parceiro seja um homem típico, isto é, que não seja um romântico que fale sobre amor e sentimento constantemente, e que alguém ache que o relacionamento de vocês, no geral, está bom assim. O melhor a fazer é lançar mão de argumentos objetivos. Você deveria reservar alguns bons motivos para a pergunta "Por que casar?", a fim de convencê-lo, e usar o argumento de favorecê-lo profissionalmente – mesmo se você achar horripilante ser colocada no mesmo nível que o trabalho dele.

COMUNICAÇÃO DE EFEITO RÁPIDO E EFICIENTE

1 *"Você sabia que casados são mais respeitados profissionalmente?"*
Depois apresente o levantamento completo: dados, números, estatísticas. Uau! Isso vale a pena! Sim, isso não é romântico, mas fatos concretos convencem qualquer homem típico.

2 *"Eu seria a mulher mais feliz do mundo se um homem como você se casasse comigo."*
Falando de outra maneira: você é o máximo, o máximo, o máximo... É preciso torcer para ele não se sentir pressionado, mas tem tudo para dar certo.

COMUNICAÇÃO INEFICIENTE, QUE ACABA EM GOL CONTRA

1 *"Se você me amasse de verdade, se casaria comigo."*
Isso é, em primeiro lugar, uma suposição e, em segundo, uma tentativa de chantagem. Amor e casamento são coisas distintas. Tais maldades não levam a nada.

2 *"Eu não vou transar antes do casamento."*
Ah, bom. Mas isso também é uma opinião. Não sei se ainda há muitos homens que entram nessa...

N

de... não é mais fácil perguntar?

Ou: você gostaria que ele simplesmente perguntasse

A situação

Uma piada simpática:

"Moisés vagueou durante quarenta anos pelo deserto. Por que ele levou tanto tempo? Porque não perguntou nem uma vez qual era o caminho. Afinal, Moisés era homem".

Os homens detestam perguntar pelo caminho. E as mulheres odeiam ficar vagueando horas a fio pelas redondezas estagnadas no banco do passageiro, só porque os homens preferem procurar o caminho sozinhos, em vez de pedir informações sobre a direção a tomar. Brigas infindáveis entre os casais ocorrem sobretudo dentro do automóvel; ela pede a ele que pare e pergunte qual é o caminho; ele pisa estoicamente no acelerador. Horas depois...

Certa vez um amigo me jogou para fora do carro – não é brincadeira, não! Brigamos tanto que ele achou melhor que eu seguisse a pé, se era isso que eu preferiria fazer. Burra como eu era, aceitei a proposta imediatamente – acenei para um táxi que passava e cheguei meia hora antes de meu amigo à festa, que era nosso destino. Inútil dizer que ele ficou mais furioso ainda. Maldosamente, naquela ocasião eu não consegui deixar de contar ao anfitrião que meu amigo chegaria em algum momento, pois ainda devia estar rodando sem rumo pela cidade de Hamburgo. Na época não ficou claro para mim o quanto eu o magoara com isso – e o relacionamento também não durou muito. Não excluo a possibilidade de essa anedota ter contribuído em parte para isso.

Voltando ao assunto: por que um homem não pergunta qual é o caminho? Como uma mulher pode levá-lo a fazer isso? Precisamos primeiro entender que homens e mulheres têm concepções de pergunta diferentes. Geralmente as mulheres não usam as perguntas porque querem saber alguma coisa, mas porque querem manter a comunicação. Inconscientemente as mulheres vêem isso assim: quando faço uma pergunta, obtenho uma resposta – e logo terei engatilhado uma conversa. Portanto, elas consideram a pergunta uma coisa positiva, como meio de comunicação.

Para os homens as coisas são completamente diferentes. Eles consideram as perguntas um sinal de fraqueza; portanto, são negativas. Quando se pergunta alguma coisa, admite-se diante do outro que não se sabe algo. Exceção: "Oi, Marco. Como foi o jogo entre o Corinthians e o Palmeiras?". Além disso os homens têm orgulho de seu melhor sentido de orientação e acham que pisam violentamente na bola quando admitem ter se enganado – sobretudo diante de uma mulher.

Os homens querem sempre ser os donos da situação. Por isso, eles sempre fazem de conta que não há problema algum – enquanto ficam rodando de um lado a outro da cidade. Sim, os homens, esses seres raros de outro planeta. Às vezes nós, mulheres, temos a sensação de que eles criam problemas onde não há problema algum. O que fazer?

DICAS PRÁTICAS

A idéia de pedir-lhe que pergunte pelo caminho está totalmente descartada. Ele vai achar que não pode, de jeito nenhum, errar o caminho. Que situação difícil! Só resta seguirmos em frente.

COMUNICAÇÃO DE EFEITO RÁPIDO E EFICIENTE

1 *"Realmente, nessa confusão de ruas de mão única é difícil a gente se orientar."*

Talvez ajude. De qualquer modo, assim você lhe dará a possibilidade, sem muito alarde, de admitir que não sabe muito bem onde está. E talvez ele até fique grato a você se acrescentar: "Eu acho que, se você virar à direita ali adiante, vai chegar de novo à avenida principal."

2 *"..."*

Comunicação não-verbal: surpreenda-o em seu próximo aniversário com um GPS.

Esses aparelhos já não são mais tão caros como antigamente. Além disso, ele adora brinquedinhos tecnológicos – e no futuro nunca mais vai se perder por aí. E, mesmo se isso acontecer, a culpada será a mulher do GPS.

COMUNICAÇÃO INEFICIENTE, QUE ACABA EM GOL CONTRA

1 *"Você não tem a mínima noção de onde estamos!"*
Ouça: ele é o dono da situação! Essa crítica atinge-o em cheio, e ele vai fazer de tudo para provar a você o contrário. Recoste-se relaxadamente em seu assento e concentre seus pensamentos em suas próximas férias. É bem possível que a viagem ainda demore bastante...

2 *"Seu senso de orientação também não é dos melhores!"*
Superidéia. Tremendamente construtiva. Não, essa crítica não vai levá-la em direção a seu objetivo. E nenhum outro comentário mordaz. Pense nisto: irritar-se com ele agora não vai resolver nada; só vai aumentar seu mau humor.

O

de... obrigações domésticas

Ou: você quer que ele a ajude mais nas tarefas de casa

A situação

Em abril de 2005 minha cidade natal promoveu pela oitava vez a ação "Hamburgo se arruma", na qual seus cidadãos foram incentivados a participar da limpeza da cidade numa grande ação. O projeto foi divulgado em toda a Hamburgo por meio de um *outdoor:* três mulheres jovens (uma loira, uma ruiva, uma morena – para todos os gostos) estavam num parque cheio de lixo e lidavam satisfeitas com vassouras e pás. Uma das moças estava de minissaia, a roupa mais adequada para a faxina. No alto à direita havia o apelo: "Faça parte!". Como não havia nenhum homem na tropa da limpeza, acho que estavam convidando somente as mulheres.

O espantoso é que o *outdoor* não foi criado nos anos 1950. Houve um concurso no século XXI, no qual foram inscritas

1700 (!) imagens – e a vencedora foi uma que só mostrava mulheres.

Além disso, a artista era uma garota de 11 anos de idade, que parecia achar totalmente normal imortalizar apenas mulheres em sua imagem sobre limpeza. Fiquei mais que atordoada quando vi o *outdoor*, pois ele mostra muito claramente que, na cabeça da maioria das pessoas, mesmo as mais jovens, limpeza, arrumação e tarefas domésticas ainda são coisas claramente femininas. Mesmo com todo o discurso sobre emancipação.

A publicidade também reflete a noção de que trabalhos domésticos são coisas de mulher: aquelas moças que ficam extasiadas quando a nojenta mancha de molho de tomate desaparece da camisa branca são insuportáveis. Assim como aquelas que dançam pela cozinha com seu esfregão e as que conversam com as melhores amigas sobre manchas nos copos de vinho como se tratassem do conflito no Oriente Médio.

Bem, hoje há alguns comerciais com homens – mas consideramos isso incrivelmente progressista. As obrigações domésticas ainda são em sua maioria coisas de mulher. Percebemos a situação o mais tardar quando convivemos com um homem. Ele que, enquanto morava sozinho, era perfeitamente capaz de ligar a máquina de lavar (exceto se ainda levava a roupa para a casa da mamãe aos 35...), no lar do casal subitamente não sabe mais como mexer no eletrodoméstico. Dessa maneira, sorrateiramente, a antiga divisão de papéis vai se instalando de novo.

Antes de entender o que está acontecendo, você está passando as camisas dele. Você cozinha, lava a louça e fica responsável pelo conforto e pela organização da casa. Você arruma tudo com bom gosto e se pergunta como ele conseguia fazer isso sozinho antes. Afinal, seu apartamento de solteiro não era tão terrível assim...

Será que o motivo é mesmo o fato de as mulheres se ocuparem desde a pré-história (nas cavernas), enquanto os homens saíam livres para caçar o sustento da família? Em parte sim. A mulher tinha de cuidar do fogo, e já então ela queria proporcionar aconchego.

Mas será que isso está enraizado tão profundamente em nosso inconsciente? Sim. Uma mulher deve ser cuidadora. Relacionamos essa característica à feminilidade. E nenhum homem quer ser tachado de mulherzinha. Afinal, é um pouco difícil ser um cara de verdade com uma escova de privada na mão (embora eu ache limpar o banheiro um ato heróico). O homem prefere sair, caçar, e hoje mata seus rivais na selva de pedra.

O problema é que atualmente a maioria de nós, mulheres, também trabalha fora, e é exposta à dupla jornada. Durante o dia, você faz malabarismo entre chefe e funcionários, e de noite ainda tem de assumir o ferro de passar. Muito obrigada.

O sucesso do romance *Não sei como ela consegue* (Rio de Janeiro: Rocco, 2004), de Allison Pearson, é um exemplo de que as mulheres realmente encaram a dupla jornada como problema. Trata-se de uma executiva que tenta cuidar da casa e dos filhos. Por um lado, ela quer continuar tendo sucesso no trabalho e, por outro, tenta ser a perfeita mãe e dona de casa. Um equilíbrio difícil. Como mostram as vendas do livro, o tema acerta o ponto nevrálgico de nosso tempo.

Vão argumentar que há muitos homens que assumem metade do trabalho doméstico. Se você sabe o nome de um exemplar desses, meus parabéns. Mas a realidade ainda é outra. Em muitas revistas, as mulheres ainda se dirigem desesperadas às colunas de cartas e querem saber: "Afinal, como consigo fazer meu marido levantar um dedo na hora de cuidar da casa?".

Certa vez, uma amiga minha teve uma idéia muito boa: ela simplesmente parou de fazer a faxina e esperou o marido começar a se sentir incomodado. Bela idéia. Mas havia um ponto fraco: ele não percebeu. A maioria dos homens não nota a sujeira e a bagunça da mesma maneira que nós, mulheres. Cientistas descobriram que nós realmente enxergamos de modos distintos: os homens tendem a focar determinado ponto (a caça); as mulheres percebem o todo (o grande caos). Os homens notam a tomada quebrada e buscam a maleta de ferramentas para consertá-la. Mas não enxergam a montanha de roupa suja que têm de atravessar no caminho. Por isso, não dá para escapar: se quiser que seu marido a ajude, precisará *falar* com ele.

Quando o relacionamento cai na tradicional divisão de papéis, muitas vezes a culpa é, sinceramente, das próprias mulheres. Elas o permitem. Por quê? No começo da relação, queremos agradar. Isso é compreensível. Todos mostram suas melhores qualidades. Em geral, isso leva a mulher a ficar muito feminina e o homem, muito masculino. Organizamos um jantar requintado para eles ("Vou cuidar bem de você..."), colocamos suas cuecas na nossa máquina de lavar ("Faço com prazer..."), costuramos carinhosamente o botão que caiu da camisa deles.

Por sua vez, os homens agem diferente: eles abrem a porta para nós, nos dão o brinde que ganharam na barraca de tiro ao alvo da quermesse e levam nosso carro para a revisão. Com o tempo, porém, quando o relacionamento já está fortalecido e talvez já dividamos o mesmo teto... bem, então queremos que eles se dediquem às quatro paredes o mesmo tanto que nós. Mas como é que eles vão saber disso? Até então, suas investidas domésticas sempre tinham sido recusadas com um "deixa que eu faço". Os tempos mudaram – e precisamos mostrar isso a eles.

DICAS PRÁTICAS

Da próxima vez que você ficar irritada por vê-lo sentado na frente da TV enquanto você varre em volta dele, a primeira coisa a fazer é se acalmar. Não adianta nada ficar espumando pela boca e passar-lhe uma descompostura. O réu tem o benefício da dúvida: apenas parta do princípio de que ele não deixa todo o trabalho em suas mãos de propósito, mas por falta de noção. Ele não imagina que você pode estar precisando de ajuda. O melhor método é dizer isso a ele sem rodeios e muito claramente. Nesse caso, realmente sem rodeios. Você se lembra dos diferentes tipos de linguagem aos quais me referi no capítulo 2 ("O básico")?

COMUNICAÇÃO DE EFEITO RÁPIDO E EFICIENTE

1 *"Esvazie a máquina de lavar, por favor."*

Sem rodeios, objetiva. Aqui não há dúvidas sobre o que você quer dele. Esse tipo de linguagem é o mais direto e o melhor quando você quer que o homem faça alguma coisa, pois não é possível não entender o que está sendo dito. E ele fará o que você pedir.

2 *"O lixo está muito pesado para mim. Você o coloca rapidinho na rua, por favor?"*

Agora ele pode ser herói e proteger sua pequena e frágil mulher. Ele consegue fazer alguma coisa que a mulher não pode. Ele é grande e forte, e pode colocar isso em ação. Sim, parece idiota, mas os homens pensam assim. Se contribuir para o objetivo... a palavra "rapidinho" sugere que isso não vai custar muito tempo a ele.

3 *"Você passa no sapateiro para buscar os sapatos, por favor? Preciso deles para hoje à noite. Nesse meio-tempo, vou preparar a salada para a festa."*
Ele não pode dizer "não". Novamente você lhe disse, bem explicado, o que quer. E também o porquê: precisa do sapato hoje à noite. Você explica por que não pode passar no sapateiro: precisa resolver outra coisa nesse tempo. Essa é uma lógica que os homens compreendem e aceitam, porque é justa. Assim você também pode manter-se em "seu papel", pois você não o está fazendo de *office-boy* enquanto fica de papo para o ar. Se não for ao sapateiro, ele terá de preparar a salada. O sapateiro é uma boa alternativa à cozinha.

4 *"O ralo entupiu de novo. Se você não tiver tempo de desentupi-lo hoje à noite, vou chamar o encanador amanhã."*
Um tanto maldoso, mas pode muito bem funcionar. Outro homem vai fazer isso? De jeito nenhum. Ele provavelmente vai enfrentar o problema imediatamente a fim de defender seu território. O perigo de que você pense que ele não é capaz lhe parece grande demais. É melhor que ele se supere. Mesmo que não tenha vontade. Aliás, quando você quiser que ele faça algo, abra um sorriso e diga: "Ah, deixe para lá. Vou ver se o Rogério pode me ajudar. Ele entende bastante dessas coisas".

A aptidão de seu parceiro para o trabalho de manutenção doméstica também conta bastante (algumas vezes, é realmente melhor chamar o encanador). Se ele for um homem prático, logo vai resolver o problema.

5 “...”
Comunicação não-verbal: se você não tem vontade de passar as camisas dele, hoje qualquer lavanderia se ocupa disso sem cobrar caro. Ele precisa apenas retirar as camisas e pagar a conta, caso as queira lisinhas. Assim perceberá que passar roupa também é um trabalho – afinal, a lavanderia quer dinheiro para fazer isso.

Você pode também deixar as roupas sujas dele largadas por um tempo no cesto. Em algum momento ele vai perceber que não tem mais nada para vestir e possivelmente vai ter a idéia de usar a máquina de lavar. Mas a comunicação não-verbal deve ser o último recurso. A primeira opção é sempre falar.

COMUNICAÇÃO INEFICIENTE, QUE ACABA EM GOL CONTRA

1 *“Será que você poderia levar o lixo para fora?”*
Claro que ele *pode*, mas será que *vai* fazer? Evite todas as formulações indiretas, que apenas dão a ele a possibilidade de compreendê-las mal. Pior ainda é uma frase como: “A lata de lixo está cheia”. Ele a entenderá como um fato. Sim, a lata de lixo está cheia. Mas isso está longe de significar que ele deve esvaziá-la. Diga o que você quer de modo claro e sem rodeios.

2 *“Você nunca me ajuda!”*
Acusações generalizadas raramente dão certo. Com certeza ele vai se lembrar imediatamente de alguns exemplos nos

quais a ajudou bastante para se defender. Dessa maneira ele vai enfraquecê-la. O mau humor vai começar.

A palavra mágica é *motivação*. Elogie-o pelo que ele fez – e então lhe peça que limpe o banheiro: "Que ótimo que a luz da sala está funcionando de novo. Se limpar rapidinho o banheiro, você será o herói do meu dia!". Nesse ponto, trate-o tranqüilamente como a uma criança. Distribua afagos e elogios generosamente. Em seguida, ele irá correr até a garagem e dar um fim nas tralhas.

DICA EXTRA

Homens adoram checklists *de todo tipo. Eles podem se ocupar durante dias com tabelas do Excel e cronogramas. Isso corresponde a seu jeito: fazer uma coisa depois da outra. Em seguida, eles podem fazer um vistoso tique na frente da descrição da tarefa resolvida. Isso lhes dá uma sensação de sucesso, sem perder a visão de conjunto do que têm a fazer (palavras-chave: "tarefas múltiplas" – você já sabe que os homens não conseguem fazer tantas coisas ao mesmo tempo como as mulheres).*

Aproveite essa preferência e simplesmente deixe um bilhete para seu marido listando as coisas que ele tem de fazer: aspirar o pó, buscar os sapatos no sapateiro, cortar a grama (queridos homens, isso alia técnica com trabalho braçal). Com tudo preto no branco é difícil achar uma desculpa para ter esquecido de fazer alguma coisa. Exceto se ele for espertinho e de cara der um sumiço na lista.

Se ele mesmo monta listas, não significa que também as cumpre. Às vezes, ele gosta apenas na teoria – planejar o que ainda há para ser resolvido.

P

de... professor sabichão

Ou: você quer que ele pare de bancar o professor

A situação

Há pouco encontrei num manual de windsurfe a seguinte frase: "Tomar aulas de windsurfe com o(a) namorado(a) ou com o cônjuge é tão aconselhável como tentar operar o apêndice por conta própria. Se houvesse juízes na areia, muitos casamentos seriam desfeitos numa roupa de neoprene".

Embora os autores do manual de windsurfe tenham usado as formas masculina e feminina, vamos imaginar a cena. O que é mais provável: um homem na areia, gritando ordens e dicas para a mulher, ou o contrário? Eu acho que isso não se deve ao fato de que há mais homens que praticam windsurfe do que mulheres.

É claro que as mulheres ensinam algumas coisas aos homens, mas em geral empregam um tom mais suave. E aposto que a maioria dos homens iria proibi-las veementemente de sair dando ordens durante o dia, como eles muitas vezes fazem. Uma exceção é a "mãe da natação", que fica ao redor da piscina e esbraveja para sua filha de 7 anos melhorar suas braçadas. Mas nesse caso não se trata de mandar e ser mandado, mas provavelmente de sonhos que os filhos têm de realizar em nome dos pais.

É sempre assim: quando homens e mulheres querem explicar ou ensinar alguma coisa, assumem ares tão protetores e superiores que nossa maior vontade seria de fechar sua boca arrogante. Você já observou um casal se preparando para uma corrida? "Alongue, vamos! Estique a mão até o pé. Ande, força, vai...!"

Por que os homens agem assim? Porque se trata novamente de concorrência e poder. Eles gostam da sensação de superioridade e a apreciam até o fim. "Êêêêêê, eu sei algo que você não sabe! Mas não se preocupe, querida, vou ensiná-la." A coisa fica mais complicada ainda quando três casais estão no parque e os homens tentam ensinar um esporte às mulheres. A vaidade aparece com toda a força. Cada um quer mostrar que pode ensinar mais rápido e melhor. Num sentido figurado, cada um deles quer dizer: "Sou o maioral (O meu é o maior)!". E, se as mulheres resolvessem no final se ajudar umas às outras, a catástrofe seria perfeita: "Ela está se bandeando para o lado adversário!".

Tanto faz. Ficamos profundamente irritadas quando nosso querido eleva a voz para nos explicar política internacional, a situação econômica, um motor engasgado ou as leis do mercado financeiro. Principalmente quando ele se apresenta para mais pessoas, com o peito inflado de autoconfiança, e nós temos certeza absoluta de que alguns tópicos de seu conhecimento estão errados, o que ele entenderia como uma suposição maldosa. Mesmo se conseguíssemos contradizê-lo baseadas em provas irrefutáveis, ele não iria admitir. Você já sabe por quê: um homem nunca mostra fraqueza.

George Smalley, um psicólogo de Nova York, descobriu o seguinte: "Um homem não percebe quando comete um erro. E, se percebe, nega". Nesse caso, segundo o psicólogo, ele procura um culpado o mais rápido possível. É espantoso: de acordo com Smalley, 73% dos homens se consideram infalíveis. Entre nós, mulheres, são 11%. Fica fácil entender por que eles gostam de bancar os professores e ficar explicando tudo para nós.

Se você se irritar com o estilo sabichão de seu amado, tente simplesmente enxergar a questão por outro ângulo. Isso pode ajudá-la a relaxar. Encare as explicações dele como elogios! Homens que se apresentam como professores querem apenas impressionar o interlocutor. Seu parceiro deseja impressioná-la, fazendo-se de forte na sua frente, para que você possa admirar o grande conhecimento dele. O sentimento de proteção também tem seu papel. O lema é: "Apóie-se em mim. Eu mostro para você como as coisas funcionam, *baby*".

Afinal, é muito galanteador ele realizar uma tarefa para você. É evidente que ele sabe, no fundo do coração, que você é absolutamente capaz de montar a prateleira de livros sozinha. Mas quer ser seu herói, seu salvador, seu protetor, aquele que vai resgatá-la sempre. Acho que é um sinal equivocado de emancipação a mulher confrontá-lo o tempo todo dizendo: "Eu sei fazer isso sozinha". (Para ser honesta, eu compreendo muito bem quando você fala assim. Mas, como isso certamente levará a uma briga, é melhor dar logo vazão à sua raiva: "Você acha que eu sou burra ou o quê?".)

Exprima essa indignação o mais tardar quando ele começar a explicar onde deve ser colocado cada parafuso na hora de montar a prateleira e, para fechar com chave de ouro, dizer aos amigos no jantar que foi ele quem fez para você. Afinal, nem em mil anos você teria conseguido...

DICAS PRÁTICAS

Se o falatório dele a deixa irritada, simplesmente o avise de que isso a deixa nervosa. Mas sempre de maneira amigável, objetiva e – se possível – com um tom de voz calmo. E nunca na presença de outras pessoas, pois assim ele vai se sentir um bobalhão. Aliás, essa não é uma característica puramente masculina. Nós, mulheres, também não gostamos de ser criticadas em público.

COMUNICAÇÃO DE EFEITO RÁPIDO E EFICIENTE

1 *"Querido, acho bárbaro o que você está me dizendo. Mas agora eu quero experimentar/montar/aprender sozinha."*
Ele ficará satisfeito, pois você o acha o máximo. E depois você pode continuar tentando sozinha em paz.

2 *"Tenho a impressão de que você não me leva a sério ou me acha tola quando me explica algo nesse tom de voz."*
Você continua fazendo uma afirmação pessoal, explicando-lhe como o comportamento dele a afeta. Provavelmente ele não está ciente disso. Assim você lhe dará a chance de mudar e, no futuro, escolher uma abordagem melhor.

3 *"..."*
Estratégia não-verbal: você sempre quis aprender a praticar windsurfe? Então o melhor a fazer é contratar um professor. Ele vai ser pago e precisará manter a boca fechada quando

você lhe pedir. Você não vai se importar se o ego dele for atingido. Melhor ainda: procure *uma professora* de windsurfe (de tênis, de equitação e assim por diante).

COMUNICAÇÃO INEFICIENTE, QUE ACABA EM GOL CONTRA

1 *"Você sabia que os psicólogos consideram a mania de saber tudo uma ereção artificial?"*
Isso o fará ficar quieto, garanto! Você acertará na mosca! Mas será preciso magoá-lo tanto? Principalmente se você não estiver sozinha com ele, mas numa roda de amigos. Todos vão rir. Parabéns: seu parceiro vai afundar no chão de vergonha.

2 *"Me deixe em paz, seu sabe-tudo!"*
Pode ser que ele não tenha consciência de estar se comportando como um sabichão. As intenções dele são boas, por isso ele se sentirá malcompreendido e a considerará ingrata.

3 *"Você não vai acreditar, mas tenho mestrado em filologia e por acaso sei que as línguas fino-úgricas não são da mesma família das indo-germânicas."*
Isso lembra um pouco o jardim-de-infância. Além disso, ele vai se sentir instigado a mostrar para você que tem qualidades. Não se esqueça: tudo é competição para os homens; eles detestam sair perdendo. Você quer desperdiçar seu tempo com isso? Esse tipo de tira-teimas é coisa de... bem, de homens.

de... quero que você me escute

Ou: você quer que ele não se finja de surdo

A situação

"Você simplesmente não me ouve!" Essa é uma das reclamações mais freqüentes que as mulheres fazem aos homens. Não importa se elas querem falar sobre seu dia estressante no escritório ou sobre as crianças, se elas sonharam à noite com uma idéia digna de prêmio Nobel ou se acabam de bater num pilar de concreto da garagem do prédio com sua nova Mercedes. Muitas mulheres têm a impressão de que conseguiriam conversar mais animadamente com uma parede do que com seu parceiro.

Ele se faz de indiferente, olha pela janela, enquanto ela explica que o relacionamento deles está prestes a acabar. Ele sai do recinto para buscar alguma coisa, rapidamente, e reage às suas explicações no máximo com um "Hum" meio difuso. Não é de admirar que o clima esquente. Afinal, com as amigas ela consegue discutir sobre deus e o mundo! Por que em casa sempre tem a sensação de que seu companheiro é surdo – ou terrivelmente ignorante?

Antes de fazer as malas e se empenhar na busca do próximo parceiro, que também decidirá ficar calado ou não olhará para você quando você falar, é bom saber uma coisa fundamental: muitas vezes os homens parecem ausentes na conversa, mas na verdade estão escutando. Isso não é uma desculpa barata, mas um fato amplamente pesquisado. Foi constatado, em pesquisas, que as mulheres quando conversam buscam a proximidade física: elas inclinam a parte superior do corpo na direção da parceira de conversa, aproximam a cabeça e não raro estabelecem um contato físico, colocando a mão sobre o braço ou a perna da outra. Entre os homens isso é totalmente diferente: ao conversar, eles se sentam paralelamente um ao outro, recostam-se na cadeira (portanto, criam mais distância entre si) e raramente estabelecem um contato visual direto. Preste atenção ao assistir a um *talk show* na televisão, por exemplo: enquanto muitas vezes a moderadora se inclina em direção a seus interlocutores, os convidados homens recostam-se confortavelmente na cadeira. Mas, quando eles querem dar ênfase especial a uma explicação, inclinam agressivamente a parte de cima do corpo para a frente.

Esse comportamento já pode ser observado nos meninos pequenos: até mesmo na conversa com o melhor amigo, eles mantêm distância. Isso confunde as mulheres. Elas só se comportariam assim se não se interessassem pelo que o outro tivesse a dizer.

Além da postura corporal, há outro motivo para que as mulheres freqüentemente tenham a impressão de que o homem "desligou as antenas". Raramente eles dão algum sinal de que estão escutando. As mulheres – por natureza propensas a estabelecer uma ligação e manter a conversa – inconscientemente dizem coisas como "sim", "é mesmo?", "sei", "com certeza", e assim por diante. Com isso elas sinalizam: "estou ouvindo", "estou na sua" e estimulam o interlocutor a continuar falando.

Podemos observar essas coisas quando falamos ao telefone. Nesse caso dependemos de sinais para saber se ainda há alguém do outro lado da linha ou se há alguns minutos estamos falando para as paredes. Experimente isso: ligue para uma amiga e tente – enquanto ela lhe conta alguma coisa – parar de propósito de dar esses sinais de que está ouvindo. Não é tão simples, como certamente você vai acabar descobrindo. Se você se calar, com certeza sua amiga lhe perguntará, depois de algum tempo: "Oi. Você ainda está aí?".

Pesquisas lingüísticas mostraram que os homens, na conversa direta, não dão nenhum sinal de que estão escutando. Esta é a grande diferença da comunicação feminina: enquanto as mulheres só dão esses sinais para mostrar que estão escutando, os homens introduzem um "sim" ou um "Hum, está certo" apenas como concordância. O que quer dizer: mesmo quando está escutando, o homem possivelmente não quer apenas concordar. Isso ocorre geralmente de forma inconsciente.

Aliás, esse também é um motivo por que sempre ocorrem mal-entendidos entre um homem e uma mulher: ele interpreta os "sim" e "hums" dela como concordância e fica totalmente surpreso quando, de repente, ela quer uma coisa completamente diferente. "Mas você disse que sim!" – admira-se ele, porque não sabe que ela apenas deu sinais de que estava escutando.

As mulheres que estão acostumadas a dar esses sinais nas conversas, mostrando que estão ouvindo, chegam a uma conclusão, para elas lógica, por causa do silêncio deles: "Não lhe interessam as coisas que tenho a dizer".

Essa impressão ainda é reforçada por outra, um costume puramente masculino. As pesquisas mostraram que as mulheres geralmente nas conversas referem-se ao que foi dito imediatamente antes. Assim, elas fazem ganchos entre um assunto e outro: uma pega o que sua interlocutora disse e continua a falar. Muitas vezes os homens não fazem isso. Eles ignoram o que foi dito antes e querem esclarecer seus pontos de vista. Isso não quer dizer que não escutaram o que foi dito; eles só não concordam necessariamente. Em resumo: as mulheres são cooperativas; os homens, competitivos.

Assim, as mudanças de assunto são bem mais abruptas entre os homens do que entre nós. E assim também surge a crítica masculina de que tendemos a manter uma discussão eterna. Na prática: em testes com discussões de grupos descobriu-se que as mulheres muitas vezes mantêm o mesmo assunto por meia hora ou mais, enquanto os homens saltam muito mais rapidamente de um assunto a outro.

DICAS PRÁTICAS

De acordo com todas as explicações científicas: naturalmente você fica irritada quando tem a sensação de que seu queridinho mostra ter mais interesse pelo jornal matinal do que pelo que você tem a lhe dizer. Talvez você de fato esteja convivendo com um cabeça-dura, que não lhe ouve. Se for esse o caso, pergunte-se se você quer mesmo ter um relacionamento com um homem assim. Nesse caso também você terá muito êxito se expressar seu desejo aberta e sinceramente. Diga-lhe que tem a sensação de que às vezes ele nem ouve o que você diz. Talvez seja bom até explicar-lhe o que descrevi, pois é provável que ele nem desconfie da impressão que transmite a você.

COMUNICAÇÃO DE EFEITO RÁPIDO E EFICIENTE

1 *"Será que poderíamos conversar um pouco por dez minutos? Eu gostaria de contar-lhe o que aconteceu hoje no escritório. É importante para mim."*

Uma afirmação bem clara é a melhor coisa, pois assim ele saberá o que está por vir. E também que você não pretende ficar batendo papo durante horas, mas quer apenas desabafar. Aliás, as mulheres deveriam dizer com mais freqüência quando algo é importante para elas. Os homens costumam transmitir melhor o que é importante, o que é prioridade para eles. Infelizmente as mulheres tendem a se colocar em segundo plano, só por uma falsa consideração.

2 *"Eu preciso de sua ajuda/sua opinião, a respeito de..."*

Com isso você conseguirá a atenção dele. O homem, por natureza centrado na solução de problemas, certamente vai escutá-la quando você sinalizar que precisa de ajuda. Geralmente os homens gostam de ajudar.

Dica: essa conversa é ótima para um passeio. Os homens pensam melhor quando estão em movimento.

3 Mais um pequeno truque: quando ele se recostar relaxado na poltrona para expressar sua superioridade (por exemplo, quando vocês estiverem discutindo, numa briga), fique de pé – assim dará a impressão de ser maior. Ele vai tentar voltar ao mesmo nível que você.

COMUNICAÇÃO INEFICIENTE, QUE ACABA EM GOL CONTRA

1 *"Você nunca me ouve! Está sempre olhando para o outro lado! Fecha os ouvidos constantemente!"*

Sinceramente: você ainda teria vontade de falar com alguém que a julgasse tão radicalmente? Palavras como "sempre", "nunca" e "constantemente" lhe transmitem a idéia de que ele é um bobão. É melhor tentar algo como: "Às vezes tenho a sensação de que...". Explique-lhe o que acontece com você.

2 *"Eu não preciso mais dizer nada, pois você não ouve mesmo."*

Essa não é uma frase objetiva, é do jardim-de-infância. Os homens odeiam coisas desse tipo. E chantagem emocional nunca levou a nada.

R

de... romântico

Ou: você quer ganhar mais presentes e atenção

A situação

Grandes presentes preservam a amizade; pequenos, o amor. Se você não teve a sorte de ser esposa de um milionário, provavelmente vai ficar feliz apenas com um ramalhete de flores meio murchas. Mesmo assim ele traz essas flores para você só raramente, apenas para explicar que aquele fim de semana romântico que vocês planejaram foi por água abaixo, porque ele precisa ajudar a mãe com a mudança.

Naturalmente nem todos os homens são indiferentes quando se trata do assunto presentes ou outras pequenas atenções como elogios – mas infelizmente são muitos. Sobretudo quando você já está há algum tempo num relacionamento, percebe que sua atenção vai deixando a desejar. No início ele sempre a surpreendia com uma coisinha qualquer ou a convidava espontaneamente para jantar. Mas agora você muitas vezes tem a sensação de que seria melhor lembrá-lo de seu aniversário ou da data de aniversário de casamento de vocês. E você tem razão! Se no início era aquele ramalhete para a comemoração do aniversário do dia em que vocês se conheceram, a cada cinco, dez ou catorze dias, agora você se alegraria com uma única rosa.

Sim, nós, mulheres, adoramos quando eles nos proporcionam uma pequena alegria (ou até grande). Os homens não dão muito valor a isso. Esse é um dos principais motivos pelos quais seu parceiro talvez seja um tanto desajeitado na relação; para ele isso não é essencialmente importante. Ele tira suas conclusões sobre os outros e nem lhe passa pela cabeça que você poderia ficar feliz se no restaurante ele não afastasse o vendedor de rosas com um sinal da mão, mas simplesmente comprasse uma flor, mesmo se fosse um tanto cara e já estivesse meio amassada. O quc importa é o gesto. Aliás, algo incompreensível para os homens, porque eles não gostam de gastar dinheiro em produto ruim.

Para ficarmos nesse exemplo, seja honesta: como você reagiria em relação ao vendedor de rosas? Sorriria para seu amor e diria: "Bem que eu gostaria de ganhar uma"?, ou diria "não" com a cabeça, num gesto prévio de obediência, preocupada com o fato de ele se sentir obrigado a comprar a flor? E ainda por cima você lhe daria razão dizendo que esses vendedores são irritantes, as rosas estão muito caras e existe até uma verdadeira máfia de vendedores de rosas, que a gente não deve apoiar? Aposto que você reagiria exatamente assim. Do jeitinho que você aprendeu: retraída, e não exigente demais. Infelizmente assim você nunca sentirá o prazer de ver um homem comprar-lhe uma rosa supérflua de má qualidade. E na verdade você a quer tanto, mesmo sendo uma coisa insensata.

Emancipação vai, emancipação vem – às vezes as mulheres simplesmente querem ser princesas e cortejadas. Mesmo casadas há 35 anos com o mesmo homem. Mas, se esse homem só entende mensagens diretas, como pode lhe passar pela cabeça que secretamente você gostaria muito de ganhar a rosa? Você recusa, agradecendo – e ele conclui que você não quer. Com isso o mundo, para ele, está em ordem. E você fica ruminando por dentro? Ele não vai entender por que você ficou tão estranha o resto da noite.

Não diga mais "não" para coisas que você gostaria de ganhar. Diga "sim" quando quiser dizer "sim", senão ele nunca vai entender. Mensagens duplas são uma estratégia de comunicação puramente feminina.

Não é apenas uma questão de comportamento um cavalheiro atencioso se transformar em um desmemoriado, que não se lembra da data de aniversário do casamento, pois a antiga história do caçador vale para esse caso também. Na fase inicial, quando vocês acabam de se conhecer, você é uma conquista para o homem, ele precisa lutar por você. Na verdade, ele quer lutar por você, sente prazer em se envolver, para ganhar você. E, em certas condições, disso fazem parte aquelas pequenas atenções românticas, como flores, jóias ou bombons. Como ele já a "fisgou", essas lembrancinhas infelizmente diminuíram.

Por que ele deveria se esforçar se já conseguiu o que queria? Isso a consola? Nem tanto. Mas existem alguns truques com os quais você pode levá-lo a aparecer novamente com um presente. Antes, porém, você precisa comunicar-lhe isso, pois ele não está mais tão ligado.

Aliás, mais uma coisa sobre o tema "princesinhas": os homens também sentem muito prazer em fingir que são príncipes galantes. Portanto, a situação é vantajosa para ambos, pois tanto ele quanto você vão ganhar alguma coisa. Ajude-o a tomar as atitudes. Vale a pena!

DICAS PRÁTICAS

Deixe claro que você gosta de gestos românticos como presentes, flores e elogios, e, de vez em quando, faça-o lembrar-se disso!

COMUNICAÇÃO DE EFEITO RÁPIDO E EFICIENTE

1 *"Isso me agrada muito! Na semana que vem será o aniversário de nosso casamento, lembra?"*

Para você isso pode parecer um atrevimento, mas não para um homem. Pois, afinal, você ainda nem expressou seu desejo diretamente. Da próxima vez, compre um presente para você mesma e coloque-o sobre a mesa, no dia do aniversário de casamento de vocês. Ao desembrulhá-lo você poderá dizer: "Desta vez você esqueceu, doçura. Não faz mal, eu mesma comprei uma coisinha para mim. No ano que vem eu ficaria muito feliz se você me desse um presente. Não se preocupe, eu vou lembrá-lo disso".

Se você usar um tom gentil, ele não vai afundar no chão de tanta consciência pesada, mas da próxima vez tentará dar o melhor de si.

2 *"Sim, obrigada"; "Oh, obrigada"; "Você é um amor"; "Eu também o amo".*

Você deve se mostrar encantada quando ele revela a intenção de comprar uma rosa ou fazer um elogio a você. Aceite-o gentilmente, não o rejeite como se estivesse constrangida, cheia de pudores. Do contrário ele vai pensar que você não quer o presente. E, além do mais, quando um homem lhe dá um presente, ele também quer que você se alegre. Se você sempre reage a isso de forma retraída, logo ele não sentirá mais prazer em presenteá-la.

COMUNICAÇÃO INEFICIENTE, QUE ACABA EM GOL CONTRA

1 *"Ora, deixe disso, não precisa."*
Nunca diga isso, se não é o que você quer dizer. Ele não vai entender.

2 *"Você nunca me dá nada de presente. Não sou importante para você!"*
Uma declaração dessas vai deixá-lo frustrado, porque ele terá a sensação de que não consegue mais fazer as coisas certas. Se ele sair correndo para comprar alguma coisa, você lhe dirá que é tarde demais, que ele está fazendo isso só para aliviar o peso da consciência. Se ele deixar passar, você vai ficar ressentida. É uma via de mão única, da qual ele não conseguirá sair.

S

de... sexo

Ou: você quer dizer a ele como gostaria de fazer as coisas na cama

A situação

No início é tudo fantástico. Ou quase tudo. Os recém-apaixonados estão permanentemente se tocando. O mínimo toque é melhor do que um orgasmo, porque cada parceiro está excitado pela novidade: há um corpo (ainda) estranho, tudo é novo e desconhecido, os hormônios parecem enlouquecidos.

Como ele a toca, no início, é totalmente indiferente. O que importa é que ele o faz.

Mas com o tempo o sexo simplesmente não é mais tão excitante. Talvez você queira as coisas um pouco mais suaves na cama? Ou um pouco mais duras? Você gosta de brincadeiras de amarrar ou de papos pornográficos?

Só raramente ele encontra seus pontos sensíveis, ou não com tanta freqüência quanto na primeira fase. Você sonha fazer amor num lugar incomum. No sexo, cada um tem suas preferências. Aquilo que agrada a uma pessoa pode não ser a preferência de outra. Mesmo assim, a maioria tem dificuldades em falar sobre isso. Sobretudo as mulheres: elas têm medo de parecer dominantes demais quando pedem o que querem na cama.

Você pode correr o risco de passar trinta anos fazendo amor só na posição papai-e-mamãe, apesar de querer muito ficar por cima, de vez em quando. Talvez ele também goste disso. Se vocês não conversarem sobre isso, infelizmente ele nunca vai ficar sabendo o que você quer.

É isso. Precisamos sempre conversar sobre sexo, para que cada um possa ter o que gosta.

DICAS PRÁTICAS

Há muito tempo o sexo não é mais um tabu. A maioria dos homens gosta de mulheres expansivas, que expressam abertamente seus desejos e não deixam o parceiro tateando no escuro. No começo é preciso um pouco de treino, para encontrar as palavras certas. Talvez você comece a dar risadinhas como uma adolescente. Mas com o tempo provavelmente sentirá prazer em expressar seus desejos sexuais.

Aliás, pode até ser bem excitante falar sobre isso à noite, jantando num restaurante. Às vezes a fala é erotismo puro. Entre o prato principal e a sobremesa, você e seu amado podem tranqüila e gostosamente descrever tudo o que poderiam aprontar. Ao chegar em casa, basta realizar...

COMUNICAÇÃO DE EFEITO RÁPIDO E EFICIENTE

1 *"Sim, assim está bom!"*
Essa é uma afirmação clara. Quando ele fizer algo que a agrade, diga-lhe isso claramente. Ele ficará orgulhoso e vai se lembrar do episódio depois. Os homens gostam de satisfazer as mulheres sexualmente. Sempre haverá uma repetição!

2 *"Você não teria vontade de fazer sexo também ao ar livre?"*
Você gosta de experimentar coisas diferentes? Não importa o que seja, qualquer coisa que gostaria de fazer, diga a ele! Prefira fazer isso quando vocês estiverem na cama, onde o clima é mais erótico a fazer isso de manhã, enquanto estão a caminho do trabalho. A maioria dos homens gosta de aprender coisas novas quando se trata de sexo. Mas veja: não vai pegar muito bem se você disser: "Vamos fazer isso e aquilo, antigamente eu gostava muito". Ai, ai. Ele não vai querer imaginar o que você já fez com outro homem. Muito menos que você gostava tanto disso...

COMUNICAÇÃO INEFICIENTE, QUE ACABA EM GOL CONTRA

1 *"Por favor, desta vez demore um pouco mais."*
Se ele tiver problemas de ejaculação precoce, você deve tocar no assunto com mais delicadeza. Nesse caso, excepcionalmente deverá usar uma linguagem indireta, sob pena de ele nem conseguir mais entrar no clima.

2 *"Com Fulano eu sentia mais prazer no sexo."*
Obviamente não há nada a declarar sobre isso...

T

de... tagarelice

Ou: você quer que ele converse mais com você

A situação

Nos dicionários de alemão, há o verbete *Quasselstrip* (tagarela): "aquela que fala o tempo todo; ou seja, é uma grande tagarela".

É um substantivo feminino. Naturalmente tagarela é sempre mulher. Ou, como naquela velha piada, não muito original:

"— Há dois anos não digo nada para minha mulher.

— Por que não?

— Não quero interrompê-la".

De fato, a maioria dos homens – e também das mulheres – acha que as mulheres falam demais. E, por algum motivo, que ninguém conhece muito bem, esse preconceito (o homem calado, a mulher faladora) se mantém teimosamente.

Está mais do que na hora de acabar com essa idéia errada. Os homens até falam mais do que as mulheres. Aliás, sobre assuntos diferentes dos nossos, porque gostam de considerar as coisas sobre as quais as mulheres conversam bobagens, papo de lavadeiras ou tagarelices. Na verdade a "mulher faladora" tem sua origem numa avaliação puramente masculina; ele faz uma diferença entre assuntos importantes e fúteis. Os assuntos que interessam aos homens (política, esporte, técnica...) em princípio são importantes, mas os que interessam às mulheres (família, amizade, amor...) em princípio não são. Por isso às vezes chamam, pejorativamente, de "fofoca" a conversa de mulheres – consideradas um bando de galinhas cacarejando e só falando besteira.

Mas as pesquisas mostraram que os homens falam muito mais:

- em reuniões de negócios;
- em discussões na televisão;
- em conversas espontâneas entre cônjuges;
- em discussões por e-mail.

Uma experiência da cientista Marjorie Swacker, no ano de 1975, apresentou resultados surpreendentes. Foi pedido a homens e mulheres que descrevessem diversos quadros à sua frente. Os homens falaram em média durante treze minutos sobre cada quadro, enquanto as mulheres falaram apenas durante três minutos e dezessete segundos. Afinal, quem é tagarela?!

Lingüistas explicam que o fenômeno do preconceito da mulher que fala o tempo todo se mantém, apesar de tudo, porque aos homens de nossa sociedade é atribuído o direito de falar. Isso não é exatamente negado às mulheres, mas espera-se delas que sejam afetuosas, simpáticas e educadas, e se expressem sobre assuntos inofensivos – ou, melhor ainda, fechem a matraca.

Pense nos numerosos conselheiros conjugais que existem no mercado, em pleno século XXI, e quantos deles dão a dica para que a mulher, no primeiro encontro – pelo amor de Deus –, não fale demais? "Seja misteriosa e fique só ouvindo o que ele tem a dizer." Pois é, pode-se achar o que quiser de dicas antiquadas como essas.

Além disso, os cientistas descobriram mais um fenômeno interessante. Mesmo quando uma mulher fala tanto quanto um homem, os ouvintes ainda acham que a mulher fala demais.

Voltando mais uma vez para a piada. A verdade é que os homens costumam interromper muito mais as mulheres e, no geral, cultivam um tipo de discussão bem mais agressivo. Para os homens, uma conversa sempre tem alguma coisa a ver com a defesa da própria posição. Muitas vezes para eles o poder é muito mais importante do que a comunicação. Na conversa, eles não buscam a ligação com o outro; pelo contrário, querem impor seus limites e realizar uma espécie de competição. Isso tem como conseqüência o fato de que os homens fazem muito menos trocas entre si.

Numa conversa típica entre mulheres, cada uma conta como está, o que aconteceu com ela ou quais são suas preocupações. Entre os homens, as coisas são diferentes. Eles falam do trabalho (aliás, não das preocupações, mas das ações heróicas), dos resultados do futebol ou do clima político. Bons amigos podem conversar durante horas – e depois vão embora sem nem mesmo saber se o outro se reconciliou com a ex-mulher. Para eles tanto faz. Em compensação, estão a par do funcionamento do novo sistema de alarme do carro do outro e dos sites da internet que estão na moda.

Ao contrário do que ocorre com as mulheres, é raro que homens combinem o que se segue:

"Você já tem programa para o sábado à tarde? A gente poderia se encontrar num café para bater papo".

A maioria dos homens se encontra para fazer alguma coisa junto: jogar cartas, ajudar um ao outro na mudança, mexer no carro. Paralelamente também conversam. Quando combinam um encontro para bater papo, com certeza é para tratar de um assunto pragmático, como o novo programa do computador ou o novo automóvel. Se a conversa sem motivo prático passa a primeiro plano – portanto, um papo só pelo papo –, trata-se provavelmente de um grupo semanal de auto-ajuda.

Qual é o problema que, nesse caso, as mulheres têm com os homens? Descobrimos que os tagarelas de fato são os homens – mas infelizmente não na conversa com as mulheres. A não ser que se trate de uma discussão acalorada, na qual o homem quer vencer de qualquer jeito. Ou de um homem recém-apaixonado. Então até dá para ouvir um homem falando sobre relacionamentos. É que agora ele se encontra numa situação de exceção. Nada é impossível. Logo achamos que conseguimos realizar uma façanha ("Posso dizer a vocês, com Carlos eu consigo falar sobre tudo!" – "Verdade? Incrível..."), mas, ai, ai, ai, o tempo dos amores logo passa...

Com toda certeza o homem manifesta subitamente todo o seu lado silencioso. Se os assuntos interessam a você – ele tem preocupações ou problemas? Alguma coisa o chateia? Será que ele sabe como está a relação entre Pedro e Sabrina? –, ele fica calado como depois de uma cirurgia de maxilar. Simplesmente ele não gosta de falar de coisas que acontecem na vida particular das pessoas.

As mulheres gostam de falar sobre coisas como (listadas abaixo de acordo com a prioridade):

1. seus problemas e sua aparência;

2. relacionamentos, sexo e homens;
3. amigos e conhecidos;
4. filhos, família e tudo o que envolve a vida no lar;
5. economia, política e cultura.

Já os homens dão preferência a temas na seguinte seqüência:

1. carreira, emprego, economia e política;
2. esporte e *hobbies*;
3. mulheres;
4. automóveis;
5. relacionamentos, sexualidade e problemas.

Ficou claro para você onde está o problema? Essas diferenças contribuem para que os casais ao longo do tempo conversem cada vez menos. Ela se cala, porque acredita que aquilo que pretende contar não o interessa. Ele só fala com ela para trocar informações: "O que precisamos comprar? O corretor ligou de volta? Minha mãe vem passar o fim de semana conosco".

Sociólogos descobriram que um casal médio, depois de cinco anos de relacionamento, só conversa durante sete minutos por dia. Uma triste verdade. A mulher satisfaz sua necessidade de conversar com as amigas; o homem troca opiniões sobre seus assuntos preferidos com os colegas e amigos. É uma pena, porque a maioria dos relacionamentos, segundo os terapeutas de casais, fracassa por causa da falta de comunicação.

Provavelmente em algum momento eles não terão mais nada a dizer um ao outro. O diálogo morre, os dois vão se separando emocionalmente cada vez mais e a relação entra numa queda livre.

Mas como você pode transformar seu parceiro em um "tagarela", que fala mais sobre seus sentimentos e gosta de bater papo com você?

DICAS PRÁTICAS

Geralmente o que vale nesse caso – como na conversa sobre a relação – é escolher o momento certo. Se um de vocês está estressado, cansado ou nervoso, não é o momento ideal para bater papo. Além disso, você deve sempre mostrar interesse pelos assuntos dele. Quando ele fala sobre seu hobby *ou seu emprego, com uma luz nos olhos, não é especialmente comunicativo tentar estrangulá-lo.*

No geral, é bom primeiro estimulá-lo a falar, interpelando-o sobre seus interesses. Então talvez se inicie uma conversa, que você poderá sustentar com perguntas e na qual vocês finalmente consigam falar sobre assuntos interpessoais. Ou você assiste com ele ao noticiário televisivo e, partindo da conversa sobre a situação mundial, vocês finalmente cheguem a seu universo particular.

Aliás, mais um fato interessante: inconscientemente as mulheres perguntam com mais freqüência do que os homens, porque querem incentivar o outro a dizer alguma coisa. Os homens perguntam menos, porque para eles uma pergunta sempre representa inferioridade. Intuitivamente, portanto, já fazemos o certo: perguntamos bastante e esperamos muitas respostas. Mas nisso é importante a forma como perguntamos.

COMUNICAÇÃO DE EFEITO RÁPIDO E EFICIENTE

1 *"Você sabe como vão as coisas entre Pedro e Sabrina?"*
Começamos com as perguntas assim chamadas "abertas", ou seja: "Quando? Como? Por quê? Onde?". Essa tática é usada pelos jornalistas para fazer o entrevistado falar. Naturalmente esse tipo de pergunta não pode ser respondido por

um simples "sim" ou "não". Portanto, como a resposta é mais extensa e detalhada, inicia-se uma conversa.

Aliás, poderemos transformar toda pergunta "fechada" em aberta se começarmos com: "Até que ponto...?". Portanto, não devemos dizer: "Você vai bem?". O interpelado no máximo responde um breve "sim" ou "não". Mas: "Até que ponto você está bem?". É possível então que ele responda um espantado "Mas por quê? Eu estou ótimo!". Bem, de qualquer modo isso é um pouco mais do que um monossílabo. Quando você formula a pergunta sobre Pedro e Sabrina desse modo, há uma vantagem a mais: você atribui a seu companheiro a competência de saber o que acontece com a relação deles.

2 *"Vamos conversar sobre nossas próximas férias?"*

Uma dica da prática clínica de terapeutas de casais: reaprendam a falar um com o outro. O que à primeira vista parece ser a coisa mais normal do mundo não é tão simples e precisa ser constantemente exercitado. Pressuponha que o seu parceiro participe. Talvez ele até mostre interesse quando você lhe explicar que a maioria das relações fracassa quando ambos não conversam mais. Nesse meio-tempo você já aprendeu: os homens são muito acessíveis a fatos.

Como isso funciona? Reserve todos os dias meia hora para vocês dois. Isso deve funcionar – apesar do emprego e das crianças. Afinal de contas, trata-se da pessoa que você ama. Cada um de vocês fala durante quinze minutos – e sem ser interrompido pelo outro.

Não é tão fácil deixar o outro falando livremente durante quinze minutos – e ficar ouvindo, sem se meter. Não se sobrecarregue, nem a ele. Cinco minutos no início já são um esforço considerável. Se você quiser, também poderá escolher antes um assunto em comum.

Pode ser algo concreto, como, por exemplo, "nossas próximas férias", ou algo abstrato, como "saudade" ou "meus sonhos e desejos". Quando o primeiro termina, o outro faz um resumo do que o parceiro falou. Talvez com isso você já tenha algumas surpresas: em alguns pontos você pode ter entendido algo totalmente diferente do que seu parceiro quis dizer. Nesses casos, ele ainda pode complementar ou esclarecer o que disse, até ter a sensação de que tudo foi entendido corretamente.

Então é a sua vez. Esse exercício aumenta a intimidade, produz confiança e faz com que o casal passe novamente a dialogar. Dá um pouco de trabalho e exige autodisciplina, mas vale a pena.

COMUNICAÇÃO INEFICIENTE, QUE ACABA EM GOL CONTRA

1 *"Não consigo conversar com você como converso com as minhas amigas!"*

Isso é uma declaração extremamente negativa sobre ele, que no máximo vai levá-lo a nunca mais falar sobre coisa alguma. O que ele deveria responder? Afinal, ele não é uma de suas amigas. E por que afinal você está se queixando? Está dizendo que tem com quem bater papo!

2 *"Por favor, esse seu papo sobre trabalho ou sobre futebol não me interessa nem um pouco! Vamos falar de outras coisas."*

Ai, ai. A tolerância não é exatamente seu forte quando você diz essas coisas. Não é de admirar que depois ele também não se interesse pelo que você tem a dizer. Seja corajosa. Imagine que futebol seja a coisa mais interessante do mundo...

DICA EXTRA

Falar derruba o estresse. Falar sobre os problemas ajuda bastante. Mesmo quando espontaneamente não apareça uma solução. Como já mencionamos, as mulheres não buscam uma solução patenteada, de imediato. E, como derruba o estresse, falar é saudável. Os homens sofrem infartos do miocárdio com mais freqüência porque engolem tudo.

U

de... um para cada lado

Ou: você quer saber a quantas andam as coisas para seu lado...

A situação

Faça uma breve viagem no tempo e pense em todos os relacionamentos que teve até agora. Pense nas separações: quantas vezes você terminou o relacionamento e quantas vezes a iniciativa partiu do parceiro? Se você dissesse que na maioria dos casos o homem terminou a relação por iniciativa própria, eu ficaria muito admirada. É muito mais provável que na maioria dos casos você tenha colocado um ponto final na relação.

Nesse caso, a estatística estaria a seu favor: no geral, 56,4% dos divórcios na Alemanha são solicitados pelas mulheres. Os homens só o fazem em 36,5% dos casos. O resto é solicitado por ambos, juntos.

Os homens são uns covardes quando se trata de separação – o que não quer necessariamente dizer que eles são mais felizes nos relacionamentos. Só que, muitas vezes, eles não dizem nada e, geralmente, têm medo de se separar da companheira. Eles preferem reprimir aquele sentimento desagradável, afastam o problema, procuram uma amante ou passam menos tempo possível com a mulher ou a namorada. Portanto, eles se separam muito mais "veladamente". Mas dirigir-se à mulher e dizer que quer terminar a relação? Isso acontece muito raramente.

Mesmo assim, nós, mulheres, notamos rapidamente se algo não vai bem. Temos melhores sensores e somos mais sensíveis quando se trata de sentimentos. Às perguntas, ele reage mal-humorado ou nem reage. Precisamos puxar cada palavra de sua boca e tentar adivinhar o que está acontecendo. Intuímos que algo não vai bem, mesmo que, em certas circunstâncias, ainda não queiramos admiti-lo. Quando queremos a separação, normalmente o problema não é tão grande. As mulheres são mais abertas quando querem terminar uma relação.

Como uma mulher percebe que seu parceiro quer se separar dela – além daquela sensação sinistra que ela já vem tendo há algum tempo? Como levá-lo a falar o que ela já pressente há muito tempo? E por que os homens têm tanta dificuldade em expressar a verdade?

Primeiro, trata-se do medo do conflito. Os homens temem não encontrar as palavras certas. Sentem-se inferiores para comunicar-se e têm medo de ser os "perdedores" numa discussão e depois ficar mal na relação. Além disso, há o seguinte clichê: quando o homem deixa a mulher, é o vilão que a abandonou. Então ela pode tranqüilamente falar mal dele, e todo mundo vai dar-lhe razão. Por isso, os homens preferem fechar a boca e tentam mostrar o que sentem. Ou seja: as mulheres traduzem seus sentimentos em palavras; os homens se concentram nas ações.

Nas últimas três semanas ele não teve tempo para você e cancelou vários compromissos que vocês tinham marcado? Desculpe, mas isso não cheira bem. O sexo quase não acontece mais? Isso também não é bom sinal. Ele diz que está ocupado, mas depois você o encontra por acaso passeando com os amigos ou almoçando num restaurante com outra mulher? Isso também não parece muito favorável.

Naturalmente não quer dizer que um homem queira se separar quando ele adota esse tipo de comportamento. Pode haver algum outro motivo; por exemplo, um problema que o está atormentando, mas sobre o qual ele não quer ou não pode conversar com você. Mesmo assim – se desconfiar de que ele não quer mais ficar em sua companhia –, você deve fazer algo para ter certeza. Essa condição instável leva mais as mulheres a tomar decisões do que os homens.

Entretanto, com mais freqüência do que pensamos, os homens falam sobre o assunto. Só que nós não os escutamos ou não queremos acreditar no que ouvimos. Frases como "Eu só preciso de um pouco de distanciamento" ou "Me dê um tempo" querem dizer, em bom "masculinês": "Desculpe, *baby*, mas acabou". Claro que é difícil, para nós, aceitar uma coisa assim quando nos apegamos a alguém. Preferimos acreditar que ele de fato precisa de um pouco de distanciamento e seguimos adiante com paciência. Até que ele se expresse claramente e sem nenhuma dúvida. Precisamos de clareza, de uma afirmação definitiva, para nos libertar.

O que fazer quando temos uma sensação ruim? Como podemos levá-lo a se retratar e obter uma afirmação concreta? Como tocar no assunto sem quebrar a porcelana?

DICAS PRÁTICAS

Nesse caso, não existem fugas nem duplos sentidos. Aqui só serve o caminho direto. Pergunte a ele, mas não lhe imponha nada!

COMUNICAÇÃO DE EFEITO RÁPIDO E EFICIENTE

1 *"Você quer se separar de mim?"*

Vai lhe custar um bocado de esforço para a superação, mas precisa ser assim. Por mais simples e banal que possa soar essa pergunta, ela é muito útil para você descobrir a verdade. Ele só poderá dizer "sim" ou "não" – o que todo homem deverá na verdade ter em mente.

2 *"Mesmo que seja desagradável para você, quero saber o que está acontecendo porque consigo lidar melhor com a certeza do que ficar tateando no escuro. Por favor, diga-me se você quer terminar nosso relacionamento ou se está acontecendo alguma outra coisa."*

Quando você fala com ele assim, tranqüila e objetivamente, constrói uma ponte. Ele não precisa temer que você tenha uma crise histérica, não importa o que disser. E, além disso, você lhe dará a impressão de que ele se sentirá melhor depois da resposta, mesmo se ele realmente quiser se separar.

COMUNICAÇÃO INEFICIENTE, QUE ACABA EM GOL CONTRA

1 *"Admita a verdade: você não me quer mais!"*

Só a palavra "admita" já o coloca contra a parede, e, assim, ele nunca vai admitir nada. Para ele, você está querendo obrigá-lo a fazer uma confissão – e demonstrar fraqueza.

2 *"Você tem outra ou está acontecendo alguma coisa?"*
É uma tentativa simpática, mas ele nunca vai admitir, pois não quer parecer um vilão. Mesmo se você tiver razão, ele vai fazer de tudo para desmentir, vai só enrolar. Se realmente for o caso de uma separação – e ele assumir o relacionamento com outra –, vai tentar fazer você acreditar que "antes não havia nada com ela". Só uma simples amizade. Um autêntico clássico. Quem quiser, que acredite. Será feliz.

V

de... velocidade máxima

Ou: ela não gosta do fraco dele por velocidade e competição

A situação

Veloz, perigoso ou caro – de preferência, tudo de uma vez: isso leva o coração de um homem a disparar. Assistir a corridas de Fórmula 1, de bicicleta ou de caminhões: quase todo homem gosta desses tipos de esporte de velocidade.

Mas você acha isso muito chato. Por que ficar vendo aqueles carros zunirem dando voltas e mais voltas no asfalto em alta velocidade? Por que ficar observando caminhões queimando pneus e tentando equilibrar seu peso em corridas doidas? O que é tão excitante nisso?

Muito simples: seu amigo imagina que ele mesmo está correndo a 300 quilômetros por hora na pista – enquanto seu sólido carro popular descansa na garagem. Ele vibra com os participantes, como se fosse um deles, porque os homens adoram competições. Eles não precisam se envolver pessoalmente nisso. A televisão é plenamente suficiente para levá-los ao êxtase.

DICAS PRÁTICAS

Não tenho dicas para esse caso. Também, para quê? Deixe-o usufruir dessa alegria. Ele também não se incomoda quando você assiste à novela. Viva e deixe viver.

W

de... WC

Ou: você odeia que ele faça xixi em pé

A situação

Uma visão que as mulheres adoram: ele sai do banheiro, você entra – e o assento da privada está levantado. A maioria de nós fica maluca quando os homens se esquecem de baixar o assento e a tampa da privada, mas isso deve ser contabilizado entre os desleixos masculinos. Eles não entendem por que têm de baixar a tampa, se o próximo vai levantá-la de qualquer maneira. E também não entendem por que é preciso arrumar as camas pela manhã, se vão desarrumá-las à noite de novo. Que coisa pouco prática! (Mas eles certamente gostam de deitar-se numa caminha arrumada.)

O problema em si não é a tampa e o assento levantados, que são indício de outro comportamento nada bonito: fazer xixi de pé (como fazem 85% dos homens). Nós, mulheres, achamos mais que nojenta a suposição de que uma ou outra gotinha não caiu no lugar determinado. Por que, oh céus, eles simplesmente não se sentam? Além de tudo, é mais confortável...

Você já imagina: a maioria dos homens acha que aquele que senta para fazer xixi é maricas. Eles relacionam urinar em pé com masculinidade, como se marcassem o seu território. Exagerando um tanto, um homem acha que sentar na privada é um tipo de castração. Ele se sente diminuído em sua masculinidade. É interessante saber que os homens que se sentam o fazem porque não têm necessidade desses rituais de masculinidade.

Além disso, os homens fazem xixi em pé simplesmente porque são capazes (ou seja: têm a anatomia apropriada para tanto) – bem ao contrário de nós, mulheres. Dá para notar essa preferência principalmente em eventos de massa, como festivais de música ao ar livre. Em cada canto há um homem com a braguilha aberta, enquanto nós, mulheres, dependemos daqueles horríveis banheiros químicos com cabines de plástico. Sinceramente, nessa hora você também não gostaria de fazer xixi numa árvore? Que mulher não desejou isso ao menos uma vez, quando teve de enfrentar aquelas filas intermináveis do banheiro feminino?

Mas voltemos às quatro paredes. A questão da árvore não cabe aqui. O que você pode fazer para incentivá-lo a se sentar?

DICAS PRÁTICAS

Fazer xixi em pé ou sentado? Antes de a pergunta levar a uma crise concreta no relacionamento, você pode eliminar o problema – com um pouco de dinheiro – da face da Terra. É só instalar no banheiro, ao lado do vaso sanitário, um urinol; ele vai poder se postar na frente da peça quantas vezes quiser. Naturalmente apenas se ele se declarar disposto a limpar o urinol, diariamente. Do contrário sua casa logo estará fedendo como um banheiro público.

Basicamente você quer que ele se sente porque fica constrangida quando vão à casa de amigos e lá ele também não baixa o assento nem a tampa? Falando francamente, esse assunto é relativamente espinhoso, pois ele não vai querer discuti-lo com você. Afinal, a maneira como alguém vai ao banheiro é algo pessoal.

Eu não aconselharia aqueles adesivos divertidos, que ficam colados bem visíveis na parede, com homens estilizados sentados no vaso. Há algo de humilhante em receber instruções para usar o banheiro. E constrangedor, caso haja visitas.

Se você tentar explicar a ele que não quer que nada caia fora do lugar na hora do xixi, ele vai retrucar ofendido que sabe mirar muito bem. Os homens são vaidosos quando se trata do pênis, mesmo na hora de urinar. Você pode amenizar a situação, dizendo que não está querendo de modo algum criticar sua arte de mirar. É possível que ele lhe explique que está cientificamente provado que os homens não esvaziam completamente a bexiga quando estão sentados, e isso pode dar origem a infecções. O que responder?

Acho que só existem dois métodos com os quais você pode ter sucesso.

COMUNICAÇÃO DE EFEITO RÁPIDO E EFICIENTE

1 *"Querido, é claro que você pode continuar fazendo xixi em pé. Mas vai ter de começar a limpar o banheiro."*

As chances de dar certo não são nada más. Vai depender do que ele odeia mais: sentar-se na privada ou fazer faxina. Simplesmente tente.

2 *"Querido, seria imensamente importante para mim que você se sentasse no vaso para fazer xixi. Você faria isso por mim?"*

Dito num tom de voz adulador e com olhos arregalados, cheios de esperança, isso poderia ajudar. Mendigar, em todo o caso, é melhor do que ameaçar.

COMUNICAÇÃO INEFICIENTE, QUE ACABA EM GOL CONTRA

1 *"Será que você não sabe que os homens que não se sentam no vaso para urinar são porcos?"*
Não, ele não sabe. E mesmo se isso valer para os outros homens, *ele* não é porco!

2 *"Ora, eu também me sento no vaso para urinar!"*
Que tipo de argumento é esse? Você se senta porque é mulher e não consegue fazer diferente. E é exatamente por isso ele gosta de ficar em pé: porque é uma coisa *masculina*. Ele vai acusá-la de falta de lógica ou vai dizer que você tem inveja do pênis, e vai continuar fazendo xixi em pé.

X

de... Xantipa (a esposa briguenta de Sócrates)

Ou: você quer brigar com ele de forma construtiva

A situação

Falando francamente: tive de pensar muito até encontrar um termo adequado para a letra X. E na verdade estava tão próximo: Xantipa – o sinônimo de mulher briguenta. Um assunto importante para homens e mulheres – muitos relacionamentos fracassam por causa de brigas equivocadas. São aquelas malditas frases com as quais marcamos um gol contra e, assim, cavamos a própria sepultura. Justamente quando brigamos com nosso benzinho, tendemos a dizer coisas que o magoam terrivelmente. Mas isso não dá o direito a ninguém de rotular as mulheres como notórias provocadoras de brigas. Afinal também existe o lado masculino, o fiel da balança.

Portanto, não são só as mulheres que brigam, os homens também. A coisa torna-se especialmente interessante quando ambos o fazem. Então começam as dificuldades. Quando um fecha a cara, o outro quer falar. Ou, quando um deixa de ser racional, o outro chora, bate a porta atrás de si, joga a preciosa porcelana da vovó pelos ares, ou, ou, ou... Como é impossível evitar que numa parceria surjam as brigas, pergunto: como posso brigar corretamente com meu companheiro? Por que os homens têm mais medo das brigas do que as mulheres?

As mulheres, que já são mais emotivas do que os homens, às vezes até enxergam algo positivo numa grande briga. Por mais absurdo que possa parecer: quando você consegue fazer seu parceiro, que nunca fala sobre sentimentos, chegar ao ponto de gritar e urrar de raiva, até vê isso como prova do envolvimento emocional dele. Ele fica furioso, grita feito doido; portanto, deve me amar. Se eu lhe fosse indiferente, ele não agiria assim. Isso pode ser chamado de conclusão falsa. Talvez você tenha apenas arranhado demais o ego dele – por isso ele ficou tão agitado.

Aconselho-a urgentemente a não provocar a raiva de propósito em seu companheiro nem atiçá-lo até que ele perca a cabeça. Imagino coisas bem mais agradáveis como provas de amor.

Portanto, quais os problemas que os homens têm nas brigas? São parecidos com os das "conversas sobre o relacionamento". Muitas vezes nas brigas trata-se de sentimentos ou decepções e, para os homens, esse é um terreno muito inseguro. Eles têm medo de ser inferiores à parceira no que se refere às palavras, de não poder contrapor algo aos argumentos dela, de ser "atropelados" por ela.

Quando os homens não têm palavras, refugiam-se nas ações: fogem e vão procurar a galera na próxima esquina ou se retiram calados para a oficina e ficam mexendo no mais recente aeromodelo. E nós? Ficamos para trás, atônitas, e não entendemos por que eles não querem discutir conosco.

DICAS PRÁTICAS

Fico desconfiada de casais sobre os quais sempre brilha o sol, e o céu está sempre azul e sem nuvens. Há casais que evitam os conflitos em vez de falar sobre eles e varrem tudo para debaixo do tapete. Um dia, eles têm uma grande surpresa: de repente tudo explode e o relacionamento acaba.

Nem sempre é assim, mas duas pessoas que em qualquer momento e em todo lugar têm a mesma opinião são uma enorme raridade. Não fique com medo se entre você e seu parceiro de vez em quando alguma coisa entra em choque. A pergunta é apenas como. É uma atitude sensata, na briga com um homem, obedecer a algumas regras básicas.

- *Mesmo que isso seja difícil para você: renuncie, se possível, às lágrimas e irrupções emocionais. Isso deixa o homem inseguro. Ele se sente indefeso e não sabe o que fazer. E, como ele acha que não pode fazer nada, tenta fugir de você. Chantagem emocional também é um método falso de solucionar conflitos com seu parceiro. Por um lado não é justo; por outro, você acabará se ferindo.*
- *O tom faz a música; portanto, não fique tendo ataques histéricos. Nas brigas, as mulheres têm o costume de aumentar a freqüência da voz. Com uma voz tranqüila, profunda, você passará uma impressão de soberania – e conseguirá melhor o que quer.*
- *Mantenha-se fiel ao tema discutido, permaneça objetiva! A briga de vocês porque ele deveria ter ido buscar as crianças na escola e se esqueceu não tem nada a ver com a festa da tia Cristina há oito anos, quando ele esqueceu de comprar o presente. Os homens detestam que as mulheres voltem a lembrar de histórias de anos atrás.*
- *Não diga nada do que possa se arrepender mais tarde.*
- *Evite reviravoltas, nas quais você fica descrevendo tudo o que ele deixou de fazer.*

- *Encontre uma forma de encerrar. De alguma maneira você precisa acabar com o assunto. Se não conseguir chegar a uma solução, adie a discussão para o dia seguinte. Senão vocês vão ficar dando voltas sem fim.*

COMUNICAÇÃO DE EFEITO RÁPIDO E EFICIENTE

1 *"Estou magoada porque tenho a impressão de que meus pontos de vista não são importantes para você."*

Fique sempre na sua, use mensagens do tipo "eu" e evite frases como: "Você faz isso e aquilo de propósito!". Explique-lhe como seu comportamento chega até você. Então ele terá a chance de explicar que não foi isso que quis dizer e não se sentirá logo acusado.

2 *"Eu gostaria de conversar sobre isso com você, tranqüila e objetivamente."*

Bingo, essa linguagem é a que ele entende! E tira dele o medo de ter de ouvir um discurso sem fim.

3 *"Posso imaginar que você também fique aborrecido às vezes."*

Com isso você lhe mostra que não o está acusando de nada, mas está disposta a ouvir o lado dele também.

4 *"Sinto muito, mas estou tão nervosa que daqui a pouco vou começar a chorar. É melhor eu me acalmar primeiro; depois continuamos a conversa."*

Se você sentir que suas emoções vão dominá-la, esse é o melhor método. Então ele saberá como você se sente e poderá se programar para mais tarde.

COMUNICAÇÃO INEFICIENTE, QUE ACABA EM GOL CONTRA

1 *"Sim, mas..."*

Os lingüistas estão de acordo: quem usa o "mas", não quer dizer nada daquilo que disse antes. Exemplo: "Naturalmente eu sei que você está estressado, mas você me prometeu!". Na verdade, com isso você estará dizendo: "Você e seu estresse idiota. Nem sei onde estou com a cabeça em querer continuar essa conversa!". Essa não é uma discussão objetiva; tente renunciar aos "mas, porém" para conseguir ir adiante. O mesmo vale para frases como: "Não quero brigar com você, mas...". Na verdade, você quer sim. Não dá para entender essa afirmação de outro jeito.

2 *"Bem que eu gostaria de nunca ter conhecido você!"*

É claro que você pode dizer isso. E também que ele é um tolo, que sempre faz tudo errado, que tem mau hálito, que você nunca o amou de verdade e que, além disso, ele é um zero à esquerda na cama. Você pode jogar tudo isso em cima dele – pressupondo que você quer mesmo o fim da relação.

Se não for essa a sua intenção, é melhor renunciar a frases que não têm volta, pois, mesmo que duas horas mais tarde você esteja toda feliz com ele no sofá da sala, afirmações duras deixam sempre um gosto amargo na boca. Mesmo se depois você lhe assegurar, mil vezes, que o ama e que ele é o máximo na cama, a mágoa permanecerá e abrirá pequenas fendas na parceria. Coisas assim abalam os fundamentos de qualquer relacionamento.

3 *"Então eu me separo de você!"*

Cartão vermelho. Nunca ameace abandoná-lo se não é isso que você quer. Isso cai no âmbito da chantagem emocional e nada revela além de uma enorme insegurança. Caso você utilize essa ameaça freqüentemente, no máximo, em algum momento, ele não acreditará mais em você.

Mesmo quando os homens deixam transparecer o lobo solitário e independente que pensam ser, na verdade a maioria sofre muito mais com o medo da perda do que nós, mulheres.

É muito mais difícil para eles envolver-se numa relação, porque de antemão já têm medo de uma possível separação ou de se tornar dependentes de outra pessoa. Se você ameaçar fazer as malas por causa de qualquer coisinha, ele vai se sentir muito inseguro. Como ele poderá confiar em uma mulher capaz de largá-lo imediatamente quando alguma coisa não lhe agradar? Infelizmente muitas mulheres usam a separação como instrumento de chantagem, quando seu parceiro não cede. Pegue leve!

4 *"Eu sabia que você iria dizer isso!"*

O professor doutor John Gottman, lingüista, psicólogo e diretor do renomado Instituto Gottman, em Seattle, consegue entender por que toda mulher faz acusações desse tipo. De fato, os homens costumam se repetir muito mais do que as mulheres. Muitas vezes elas lançam mão de figuras de retórica para se defender. E os homens sempre têm a leve impressão de que as mulheres conseguem ver através deles; por isso elas não deveriam fortalecer ainda mais essa sensação. Senão, ele nem vai mais abrir a boca, de tanto medo. Nesse caso, é melhor dizer a ele algo como: "Por que você está dizendo isso de novo? É tão importante para você?". Assim você mostra que ele tem a chance de ser ouvido – e pode falar tranqüilamente.

5 *"Você não me entende mesmo."*
Isso cai na categoria "julgamento preconceituoso". Não é uma boa introdução. O que ele poderá dizer quando você deixar claro que não adiantará mesmo? Por que afinal ele deveria discutir com você?

Y

de... *yo te quiero*

Ou: você quer ouvir o quanto ele precisa de você

A situação

A situação dessas três palavrinhas cheias de significado é semelhante à do casamento: muitos homens as dizem; outros não. Se não o fazem, é porque podem ter medo de se amarrar ou porque isso já está claro o suficiente. Por que é preciso ficar repetindo os fatos a toda hora?

Ouvir uma declaração de amor é muito importante para uma mulher. E a constância é importante para dar-lhe a segurança de que as intenções do parceiro são realmente sérias. Se ele não passar de um "eu gosto de você" sussurrado, ela se perguntará se ele não tem certeza disso. Será que ele quer manter uma porta aberta? Será que no fim das contas não gosta o suficiente dela? Por que não diz da maneira que ela quer ouvir? De acordo com a opinião dela, falta arrebatamento ao sussurro.

A mulher não quer ser, de jeito nenhum, a primeira a confessar seu amor, pois afinal ela leu em muitas revistas que a mulher nunca deve falar "Eu te amo" primeiro. E ela foi educada assim: "O homem precisa conquistá-la, minha filha, e não o contrário".

Com o tempo ela vai ficando cada vez mais frustrada e mal-humorada, porque acha que ele só está a fim de um caso, enquanto ela quer um relacionamento. É claro que ela não confessa o motivo de seu mau humor constante nos últimos tempos. Está certa de que ele *tem de* saber. Quando ele pergunta o que está acontecendo, ela responde com um "Nada!" cortante.

O homem que supõe que ela queira ouvir "Eu te amo" pode agora simplesmente dizê-lo. Mas, na maior parte das vezes, ele nem suspeita dos desejos dela! Se suspeitar, o que acontecerá? Três palavrinhas – e ele terá seu sossego.

O ponto crucial é que os homens muitas vezes não sabem ao certo se estão amando. Eles não têm um acesso tão bom quanto as mulheres aos próprios sentimentos e, por isso, se perguntam: "Como é amar?". E, quando ele começa a pensar a respeito, vem o medo do veredicto: "Claro que gosto dela, gosto de ficar ao seu lado e também gosto de dormir com ela – mas já dá para falar de amor?". Ele preferiria estar mais seguro antes de afirmá-lo.

Mesmo estando seguro, falta muito para isso ser um motivo para sufocá-la com declarações de amor. Afinal ele mostra sua dedicação de outros modos; por exemplo, ficando a seu lado todo o tempo livre que lhe resta depois do trabalho, do esporte e do encontro com os amigos. Até passa a noite em sua casa se no dia seguinte tiver um compromisso importante. Na semana passada ele lavou seu carro, trocou o óleo do motor e encheu o reservatório de água do limpador de pára-brisa. Você *tem de* saber que ele a ama. Por que você ainda faz questão de ouvir isso? Ele não entende que a frase é tão importante para você.

Talvez ele simplesmente tenha pavor de dizê-la. Como falamos antes: os homens por natureza evitam as obrigações quando se trata de relacionamentos. Ele teme que, no momento em que disser "Eu te amo", você o prenda. Casa própria, filhos, conta conjunta – ele relaciona todas essas coisas com a palavra "amor". E ele tem o direito – com licença! – de pensar a respeito durante alguns anos...

Não importa o quanto ele a ame: um homem teme perder alguma coisa caso se comprometa – ou seja, uma porção de outras mulheres. Não importa se até então ele tenha sido um *donjuán* ou um cara timidíssimo, que se animava apenas com algo mais que um olhar furtivo feminino: esse medo inconsciente geralmente derruba os homens. Existe uma explicação biológica muito simples para isso. Para manter a espécie, os homens querem distribuir seu sêmen da maneira mais ampla que puderem. O que não é mais possível se eles vão para a cama com uma mulher apenas.

Quando a questão é proferir as três palavrinhas mágicas, seu amado se retrai por todos esses motivos. Mas se ele conhecesse o resultado incontestável de algumas pesquisas, as declarações de amor não parariam de jorrar de sua boca: a intensidade do orgasmo das mulheres aumenta no instante em que seu parceiro diz "Eu te amo"! A certeza de ser um bom amante certamente o levaria a superar até seu maior medo.

DICAS PRÁTICAS

Antes de você usar uma arma para forçar seu parceiro a dizer o que não quer, reflita: existem outras coisas pelas quais você pode reconhecer que ele a vê como algo mais do que um casinho divertido? Ele conserta seu secador de cabelos quebrado, instala prateleiras muito úteis em sua despensa e troca as baterias meio usadas em todos os seus equipamentos eletrônicos? Ele sorri para você com freqüência? Os beijos dele duram mais do que três segundos?

Se ele fizer essas coisas, você pode estar certa: esse homem a ama. Enquanto o cérebro feminino está mais programado para a comunicação, ou seja, para falar, *os homens estão aptos a* fazer. *Eles traduzem sentimentos em ações, e não em palavras. Mas, se você quiser ouvir mesmo assim, há alguns truques.*

P.S.: sobre o assunto "mulheres são seres complicados": também não gostamos de ouvir as palavrinhas mágicas sendo ditas muito depressa por um homem. Você reconhece este diálogo com uma amiga? "Imagine só, ele me disse 'eu te amo' logo na primeira semana." "Hum, é esquisito. Ele deve ter algo de errado!" Provavelmente você já passou por isso. Às vezes realmente não é muito fácil compreender as mulheres...

COMUNICAÇÃO DE EFEITO RÁPIDO E EFICIENTE

1 *"Você sabia que o orgasmo das mulheres se intensifica no instante em que ouvem 'eu te amo'?"*

Ele com certeza vai querer testar isso imediatamente. A afirmação lhe parece muito interessante.

2 *Passe na frente dele e simplesmente seja a primeira a dizer "eu te amo".*

Ele vai revidar em 50% dos casos. Se não o fizer, isso está longe de significar que ele não sente amor por você. Continue prestando atenção em como ele se comporta com você. Com um pouco de sensibilidade, você não terá dificuldade em reconhecer seus verdadeiros sentimentos.

3 *Curioso, mas verdadeiro: muitas pessoas – principalmente homens – têm mais facilidade de declarar seu amor numa língua estrangeira. Tente uma vez com "I love you". "Je t'aime" é melhor ainda.*

Parece que a declaração de amor em outra língua fica um pouco esmorecida, não tão compromissada. Isso dá a ele tempo de se acostumar à frase. Lembre-se de Sam, do filme *Ghost*. Em vez de "Eu te amo", ele só conseguia falar "idem" – e o significado era o mesmo, ainda que ela não gostasse muito.

COMUNICAÇÃO INEFICIENTE, QUE ACABA EM GOL CONTRA

1 *"Afinal, você me ama ou não?"*

Ao lado de "No que você está pensando" e "Tudo bem com você?", essa deve ser a pergunta menos apreciada pelos homens, pois eles se sentem imediatamente sob pressão. Qual deve ser a resposta? Se seu namorado disser "não", a briga será certa. Se disser "sim", ele se perguntará por que ela queria ouvir isso e pensa: ela tem de saber que a amo. Por que fica me perguntando? Ou seja: pare com isso. Irrita.

2 *"Se você não disser que me ama, vou terminar."*

Não, impossível! Nada de promessas vazias. No pior dos casos ele poderá levá-la a sério e acreditar que você está anunciando o fim do relacionamento com uma pequena tentativa de chantagem. Se não for essa sua intenção, mude de estratégia. Ultimatos só servem para quem gosta de jogar.

3 *"Meu último namorado ficava dizendo 'Eu te amo' o tempo todo para mim."*

Ele vai pensar: "Sim, certo, e o cara era um bobalhão. Afinal, você deu o fora nele depois de ele ter se transformado num macaco. Isso não vai acontecer comigo". Os homens detestam ser comparados com outros homens – principalmente com seus antecessores. Eles adoram achar que são os primeiros e os únicos, mesmo que saibam que não são. Em todo caso, não é preciso lembrar-lhes disso. Eles sentem que estão numa concorrência. E, se o outro falou, por princípio ele não vai dizer.

DICA EXTRA

Existe um método para você ao menos tentar intensificar os sentimentos de um homem por você. Não sei se depois ele vai lhe dizer "Eu te amo", mas pode ser. É algo interessante:

Um psicólogo social de Nova York chamado Art Aron organizou certa vez uma experiência curiosa: ele contratou uma jovem atraente para fazer uma pesquisa bem simples com alguns homens. Primeiro ela ficava numa ponte pênsil e se dirigia aos homens que passavam por lá. Depois, mudou-se para uma ponte estável e continuou a pesquisa. No final de cada pesquisa, ela passava seu telefone aos homens – para o caso de eles terem interesse em saber os resultados. Alguns homens usaram essa desculpa para ligar para a mulher, embora quatro vezes mais aqueles do "grupo da ponte pênsil" do que do outro.

O motivo? O corpo dos homens entrava num estado de excitação na ponte pênsil – e essa sensação era confundida com um sentimento pela mulher. Eles se excitaram pelo balançar da ponte, mas transferiram isso para ela (embora também possam ter achado a mulher atraente).

Então, caso você queira cutucar um pouco os sentimentos dele, sugira visitarem um parque de diversões e passeiem juntos na montanha-russa. Vá à corrida de carrinhos. Faça algo emocionante. Sem falar que as experiências conjuntas aproximam as pessoas, talvez ele precise desse choque de adrenalina para sussurrar um breve "Eu te amo". Você só não pode reclamar de isso acontecer a 800 quilômetros por hora e durante um looping.

Z

de... zapear

Ou: você gostaria de que ele não ficasse mudando de canal a toda hora com o controle remoto

A situação

Uma noite em doce enlevo a dois. Você e ele estão sentados no sofá assistindo à televisão. Poderia ser tão lindo... se ele não ficasse o tempo todo mudando de canal com o controle remoto. Você quase enlouquece. Por que ele faz isso?

Ele faz isso porque gosta de ter na mão o controle. Não é à toa que o aparelhinho é chamado "controle". A coisa é assim: aquele que tem o controle remoto decide o programa a que vai assistir. Não é de admirar que os homens não gostem de ficar sem ele, pois adoram tudo o que tem relação com controle e poder. Clicando o controle remoto, ele consegue relaxar e ver tudo o que acontece na telinha. Afinal, ele poderia perder alguma coisa importante. E o fato de, ao mudar de canal em segundos, ele não conseguir assistir direito a nenhum programa não o incomoda nem um pouco.

Além disso, não lhe parece que isso a incomoda. Se você, sentada ao lado dele, perguntar por que ele fica trocando de canal o tempo todo, ele vai responder: "Não tem nada que preste, mesmo". Mas então por que ele não desliga o aparelho de uma vez para ler um livro ou conversar com você? Porque quer sossego; quer simplesmente sair de órbita. A televisão lhe dá um álibi: ele está fazendo alguma coisa. Portanto, não pode conversar. Além disso, se diverte muitíssimo apertando todos aqueles botões – um instinto primitivo.

DICAS PRÁTICAS

Vamos admitir: as mulheres às vezes também ficam zapeando. Não tão freqüentemente quanto os homens. E um dos motivos principais pelos quais isso nos deixa tão nervosas é um bocado banal: essa mania deixa vulnerável apenas aquele que não tem o controle remoto em mãos, porque ele não sabe quando o outro vai mudar o canal da televisão. As pessoas que têm medo de viajar de avião sabem muito bem disso: o que as deixa nervosas, em primeiro lugar, é que estão nas mãos de outra pessoa.

Você se sente do mesmo jeito quando seu marido tem o poder nas mãos. Você está assistindo a alguma coisa excitante e – clique – ele muda de canal. Quando isso acontece bem numa cena decisiva da novela, você pode cometer um estrangulamento ou um assassinato. Muito feio.

Portanto, o que você pode fazer para que seu relacionamento chegue a um final feliz?

COMUNICAÇÃO DE EFEITO RÁPIDO E EFICIENTE

1 *"Benzinho, se você não quer assistir a nenhum programa, eu gostaria de assistir à minha novela."*

Quando você comunicar-lhe que dá valor a determinado programa de televisão – do começo ao fim –, ele não terá argumentos para ficar trocando de canal. Pelo jeito, não há nada que ele considere mais importante. Você deixou claro que ficar trocando de canal está proibido nos próximos sessenta minutos!

2 *"Eu vou assistir ao programa no quarto."*

Ótimo, esta é a melhor solução: um segundo aparelho de televisão. Então cada um pode ficar trocando de canal até os dedos pegarem fogo.

COMUNICAÇÃO INEFICIENTE, QUE ACABA EM GOL CONTRA

1 *"O controle remoto está quebrado." (Você tirou as pilhas.)*

O que isso pode resolver? Ele é um homem! Em dois segundos, descobrirá o problema e consertará o controle remoto.

2 *"Se você não parar com esse troca-troca de canal, eu vou dormir!"*

Então, boa noite, amorzinho! Essa é uma ameaça vazia. Ele não ficará nem um pouco chocado. Está justamente fazendo aquilo porque quer sossego!

3 *"Pare com esse troca-troca de canal!"*

Ai, ai. Uma frase como essa é entendida pelos homens como uma reclamação de gente chata. Não há nada que eles mais odeiem do que uma mulher cricri, daquelas que insistem em lhes dizer o que devem ou não fazer.

4. "Masculinês" numa breve síntese

O que ele pensa, quando ele acha que, o que ela teria dito...

O capítulo anterior nos mostrou que a história entre homens e mulheres é cheia de mal-entendidos. E, de fato, muitos dos problemas que surgem na comunicação entre homem e mulher nada são além de meras interpretações equivocadas. No futuro, para evitá-las, use o conhecimento necessário e instrumental lingüístico que você adquiriu. Portanto, da próxima vez, antes de se irritar com ele, tenha em mente os pontos principais:

- Os homens cultivam a linguagem direta; as mulheres usam a indireta. Quando você quiser alguma coisa dele, diga-lhe gentilmente – de forma clara e explícita.
- As mulheres querem intimidade emocional; os homens buscam a competição. Por isso as mulheres conseguem falar melhor sobre os sentimentos. Os homens têm medo

de reconhecer suas fraquezas. Lembre-se: para ele, uma conversa sobre a relação é bem mais difícil do que para você.

- Uma mulher traduz seus sentimentos em palavras; um homem, em ações. Tente decifrar suas mensagens! Talvez ele não diga o que sente, mas possivelmente vai mostrá-lo a você.
- Preste atenção: quando você confrontar um homem ou quiser mostrar sua competência, renuncie a formulações neutralizadoras, como "de certa forma", "eu acho que" etc. Um homem considera isso insegurança. Defenda seus pontos de vista de forma clara e autoconsciente.

No final o mais importante: aceite o fato de que homens e mulheres são diferentes. Em alguns pontos você não vai conseguir estabelecer uma concordância, porque suas necessidades são completamente diferentes das dele. Mas, afinal, você também não vai querer transformar um homem em mulher, não é?

Não se preocupe. Com um pouco de tolerância, paciência e sensibilidade, qualquer conflito, por maior que seja, pode ser superado mais facilmente do que você imagina. Em caso de dúvida, consulte este livro e leia o capítulo correspondente. Se nada ajudar, antes de atirar um prato nele, vá se encontrar com uma amiga. Desabafe e dê risada. Nesse meio-tempo talvez ele se distraia com um jogo de futebol, vá pesquisar o valor das ações na bolsa ou fique simplesmente olhando fixamente para a tela da televisão. E, depois, quando a primeira raiva for embora, vocês poderão conversar tranqüilamente, em "masculinês", "femininês" ou simplesmente na linguagem que ambos entendem.

Este livro foi impresso pela gráfica
Sermograf em papel *offset* 75 g.